Vincent C. Müller | Martin Hähnel

Was ist, was kann, was soll KI?

Ein philosophisches Gespräch

Meiner

Bibliographische Information der Deutschen Nationalbibliothek

Die Deutsche Nationalbibliothek verzeichnet diese Publikation in der Deutschen Nationalbibliographie ; detaillierte bibliographische Daten sind im Internet über ‹https ://portal.dnb.de› abrufbar.

ISBN 978-3-7873-4672-1
ISBN eBook 978-3-7873-4673-8

 Satz: Jens-Sören Mann. Druck und Bindung: Stückle, Ettenheim. Gedruckt auf alterungsbeständigem Werkdruckpapier, hergestellt aus 100% chlorfrei gebleichtem Zellstoff. Printed in Germany. *www.meiner.de*

INHALT

VORWORT

Dieses Interview findet in einem Zeitraum statt, der nicht besser hätte gewählt werden können. Nicht nur, dass sich der diesjährige Kongress der Deutschen Gesellschaft für Philosophie ausführlich mit den Themen Digitalisierung und Künstliche Intelligenz auseinandersetzt, was zeigt, dass die Eule der Minerva ihren nächtlichen Flug begonnen hat und die Zeit reif ist, um eine umfassende, nicht von Euphorie oder Skepsis geleitete philosophische Reflexion zu einem Forschungsfeld anzustellen, das sich weiterhin stark verändert und dessen technologische, politische, soziale und ethische Tragweite wir immer noch nicht gänzlich ermessen können. Auch gesellschaftlich befinden wir uns in einer (Zwischen-)Phase, in welcher erste »Normalisierungsprozesse« einsetzen: Eine anfangs als disruptiv erfahrene Technologie »veralltäglicht« sich allmählich und wird eingesetzt, um das Leben vieler Menschen »smarter« zu machen, während auf der einen Seite die ökonomischen Effizienzsteigerungspotentiale, die in KI-Technologien beschlossen liegen, gezielter freigesetzt werden, auf der anderen Seite aber auch immer mehr diejenigen menschlichen Lebensbereiche identifiziert oder neu geschaffen werden, die möglichst frei von digitalen Anwendungen sind bzw. sein sollen. Ferner nehmen erste rechtliche Regelungen Gestalt an und der akademischen Ethik und Technikphilosophie ist es in den letzten Jahren gelungen, eine elaborierte deskriptive und normative Sprache zu entwickeln, die es ermöglicht, Chancen und Risiken neuer digitaler Technologien besser zu erfassen und zu bewerten. Gleichwohl bleibt vor allem das Thema der Künstlichen Intelligenz ob seiner anhaltenden transakademischen Faszination, der wachsenden Unübersichtlichkeit ihrer Anwendungen und einer der modernen Technologieentwicklung innewohnenden und verschiedene Ambiguitäten erzeugenden Dynamik ein Dauerbrenner.

Das folgende Interview verdankt sich vor allem der Notwendigkeit, das Thema KI auf den philosophischen Prüfstand zu bringen, ohne in feuilletonistischen Vermutungen zu verharren oder sich in fachwissenschaftlichen Detaildebatten zu verlieren. Wir sind uns darüber im Klaren, dass das Gespräch nur einen kleinen Ausschnitt aus dem gesamten Spektrum einer philosophischen Diskussion zur Künstlichen Intelligenz bietet. Allerdings erhoffen wir uns, dass der im Titel dieses Buches angekündigte Dreischritt, der keine Schlussfolgerung mit logischer Notwendigkeit darstellen soll, etwas mehr Ordnung und Licht in die aktuelle Diskussion bringt: Denn zunächst gilt es zu klären, was Künstliche Intelligenz dem Begriff und der Technologie nach eigentlich *ist*. Nur wenn wir wissen, was KI ist, können wir auch abschätzen, wozu sie fähig bzw. nicht fähig ist. Was KI demzufolge *kann* oder nicht kann, bietet die Grundlage für normative Überlegungen, denn KI-Systeme *sollen* letztlich nur das tun, was sie gut können – nicht mehr und nicht weniger.

Vielleicht werden sich einige vor oder bei der Lektüre fragen, wieso und unter welchen Umständen das Interview zustande gekommen ist. Die Antwort ist ganz einfach: Zwei Philosophen, der eine international renommierter KI-Experte und Inhaber der Alexander-von-Humboldt-Professur an der Friedrich-Alexander-Universität Erlangen-Nürnberg, der andere Medizinethiker, ebenfalls im KI-Bereich tätig und mit großem Interesse an »öffentlicher Philosophie«, treffen sich im digitalen Raum. Letzterer stellt in bewusster Abgrenzung zu rein journalistischen Interviews dem Experten philosophische Fragen rund um das Thema KI. Das Interview bietet nicht nur eine Momentaufnahme bzw. einen groben Überblick über die aktuellen philosophischen und ethischen Trends in Bezug auf KI, sondern zeigt auch, inwieweit KI Fragen berührt, die man in der Philosophie schon seit Aristoteles diskutiert. Ob wir diesem Anspruch, über KI angemessen zu philosophieren, gerecht geworden sind, mag die Leserin oder der Leser beurteilen. Jedenfalls danken wir dem Felix Meiner Verlag, vor allem seinem Lektor Marcel Simon-Gadhof, sich auf dieses Experiment eingelassen zu haben, und Max Hellrigel-Holderbaum für die Unterstützung bei der Transkription. KI war nicht gut genug!

M. H.

DAS GESPRÄCH

MARTIN HÄHNEL: Herr Professor Müller, ich begrüße Sie zu unserem kleinen Interview zum Thema KI und Philosophie. Ich habe mir vorgestellt, dass wir das Interview in vier Teile aufgliedern. Nach ein paar allgemeinen Fragen soll der erste Teil vom Verhältnis Philosophie und KI handeln. Der zweite Teil wird ethische, rechtliche, ökonomische Aspekte von KI beleuchten und auf bestimmte neuralgische Punkte in der Diskussion eingehen. Der dritte Teil wird künstliche Intelligenz im Bezug zur Öffentlichkeit und zur Lebenswelt der Menschen thematisieren. Und am Ende gibt es noch einen vierten Teil mit kurzen lockeren Fragen. Ich freue mich sehr, dass wir die Möglichkeit haben, mit Ihnen hier dieses Gespräch zu führen, und ich würde direkt einsteigen mit den drei zentralen Fragen, die im Titel dieses Interviews schon erwähnt werden und die sich an die berühmten Kant'schen Fragen anlehnen: Was ist für Sie Künstliche Intelligenz? Und dann: Was kann und soll sie?

VINCENT C. MÜLLER: Vielen Dank. Ich habe diese Kant'schen Fragen schon verschiedentlich verwendet, als charakteristisch für die Beschäftigung mit der KI. In der Tat ist die erste Frage schon einmal gleich recht schwierig. Was ist KI? Dummerweise ist das keine Frage der KI, sondern eher eine Frage der Philosophie, also sind wir zuständig. In einer ersten Näherung ist klar, dass wir uns gegenwärtig KI immer als etwas vorstellen, was auf Rechenmaschinen stattfindet, also erstens auf *Maschinen* und zweitens auf einer bestimmten *Sorte* von Maschinen, nämlich auf denen, die *rechnen*. Und diejenigen, die wir da gegenwärtig verwenden, sind stets *digitale* Rechenmaschinen. Nun, was macht man mit diesen digitalen Rechenmaschinen? Meine Auffassung ist, dass man sie am besten als Entscheidungsmaschinen ansehen kann, also Maschinen, die irgendeine Art von Frage als Input bekommen (einschließlich normativer Aspekte) und daraus eine Entscheidung generieren. Also zum Beispiel: »Ist das, was ich da sehe, eine Katze?« oder »Sollte dieser Mitarbeiter befördert werden?« oder »Sollte ich jetzt diesen Satz sagen?« Wenn man sich das kurz überlegt, stellt man fest, dass das, was wir den ganzen Tag machen, im Wesentlichen aus Entscheidungen besteht, genauer aus Entscheidungen, bestimmte Handlungen durchzuführen. Oft sind die natürlich nicht explizit, aber man kann das ganz gut als allgemeines Modell verwenden. Also in der KI geht es um die Erzeugung von künstlichen Entscheidungsmaschinen. Was KI kann, ist eigentlich damit schon geklärt. In einem abstrakten Sinne kann sie alles tun, was man als Entscheidung ansehen könnte. *Und nur das.* Also zum Beispiel kann sie keinen Stein hochheben, weil das zwar eine Entscheidung beinhaltet (den Stein hochzuheben), aber es beinhaltet auch eine physische Interaktion. Das kann eine KI zunächst nicht. Das kann sie nur dann, wenn sie mit einer entsprechenden *Hardware* verbunden wird.

Kann die KI alles das machen, was wir jetzt unter dieser Klammer der »Entscheidung« gefasst haben? Das ist natürlich eigentlich eine technische Frage. Es ist aber auch eine interessante Frage, ob es Grenzen dafür gibt, was vielleicht eine Maschine nicht kann, *weil* sie eine Maschine ist oder weil sie eine *digitale* Maschine ist. Ich glaube, es gibt tatsächlich gute Hinweise darauf, dass das der Fall ist. Es gibt bekannte Probleme in der Philosophie, denen zufolge eine Maschine zum Beispiel nicht meinen kann, was sie sagt, und keine Intentionen oder Absichten haben kann. Es ist eigentlich für eine Maschine nicht eines besser als das andere. Sie hat also eigentlich keine *Bewertung* der Umwelt, außer einer Bewertung, die wir ihr einbauen. Und mir scheint tatsächlich, dass das ein wesentlicher Unterschied zwischen einer Maschine, insbesondere einer digitalen Maschine, und einem Lebewesen ist. Es gibt noch eine Reihe von anderen Unterschieden, wie zum Beispiel, dass die persönliche Identität einer Maschine sehr viel, sagen wir mal, unklarer ist als die eines biologischen Wesens. Und das hängt wahrscheinlich auch mit dem ersten Punkt zusammen.

Der letzte Punkt: Was soll eine KI? Das ist die grundlegende Frage der KI-Ethik und es ist ja bekannt, dass es eigentlich in fast allen menschlichen Bereichen einen Unterschied gibt zwischen dem, was man machen kann, und dem, was man machen soll. Sonst hätte man ja auch wenig Entscheidungsfreiheit. Und die systematische Reflexion darüber, was man machen *soll*, nennt man *Ethik*. Dementsprechend, scheint mir, ist es bei der KI nicht prinzipiell anders als bei Menschen. Das heißt, man überlegt sich, was ein KI-System tun soll. Nach welchen Prinzipien soll ein KI-System entscheiden? Also soll es zum Beispiel regelbasiert sein? Oder soll man Berechnungen für den Nutzen von Konsequenzen aufstellen; oder wie soll man das machen? Welche Form der normativen Ethik wendet man an und wie geht man mit Konflikten oder sogenannten Dilemmata um, die da immer auftreten? Und dann gibt es noch eine speziellere Frage, nämlich: Welche *Form* hat diese Ethik überhaupt? Denn normalerweise macht man ja eine Ethik natürlich für Akteure (*agents*), wie man heutzutage sagt, also verantwortliche Systeme, Systeme, die für ihre Handlungen verantwortlich sein können. Und das würde man ja meistens von technischen Systemen nicht sagen. Wenn mein Laptop irgendeinen Unsinn macht, dann würde ich mich vielleicht darüber ärgern und sagen, »das blöde Ding tut heute nicht, was ich will«, aber eigentlich weiß ich ganz genau, dass das Ding selbst nicht für irgendetwas verantwortlich ist und dass normative Ansprüche ihm gegenüber vollkommen sinnlos sind.

Daher ist die Ethik der KI eigentlich sehr viel besser als eine Ethik *für Menschen* zu beschreiben, die KI herstellen oder benutzen. Die Herstellung oder das Design ist, glaube ich, die Hauptfrage, die da eine Rolle spielt, aber natürlich spielt auch die Benutzung eine Rolle, denn man kann ja ein Werkzeug für einen Zweck herstellen und für einen anderen Zweck benutzen. Es gibt insofern einen erheblichen Unterschied zwischen der KI-Ethik und der gewöhnlichen Ethik für Menschen. Es gibt noch einen weiteren Unterschied, und zwar dass es in der KI-Ethik einen Teilbereich gibt, den man *Maschinenethik* nennt, also die Ethik für die Maschine selbst. Hier gibt es eine Diskussion darüber, inwieweit so etwas überhaupt möglich ist, und wenn es möglich ist, welche Form das annehmen sollte. Ob man in der Maschinenethik zum Beispiel annehmen muss, dass KI-Systeme selbstverantwortliche Akteure sind oder ob man irgendwelche anderen Annahmen machen muss. Es ist wichtig, zu verstehen, dass der Großteil der KI-Ethik *nicht* Maschinenethik ist, denn das wird oft durcheinandergeworfen.

Um das zusammenzufassen: Die KI-Ethik ist eigentlich eine Ethik für Menschen; spezifisch für die Herstellung und den Gebrauch von KI-Systemen durch Menschen. Zusätzlich umfasst sie noch den Aspekt der Maschinenethik.

MARTIN HÄHNEL: Danke. In diesem Zusammenhang ist es interessant, auf eine wichtige Unterscheidung zu sprechen zu kommen. Wir sprechen – das hatten Sie ja bereits erwähnt – einerseits von Softwareprogrammen und andererseits von Hardware und im ausgearbeiteten Fall von Robotern. Wie nimmt eine KI-Ethik darauf Bezug und inwieweit ist dieser Unterscheidung Rechnung zu tragen? Vielleicht können Sie darauf noch ein bisschen genauer eingehen.

VINCENT C. MÜLLER: Die KI ist eine Wissenschaft, die sich eigentlich nur mit Software beschäftigt. Das stimmt insofern nicht ganz, als man häufig eine Designentscheidung treffen muss, ob bestimmte Aspekte des Verhaltens eines Systems in der Hardware oder in der Software verankert werden. Dennoch ist KI prinzipiell eine Frage der Funktion und nicht der physischen Realisierung; insofern sind KI-Systeme Softwaresysteme. Sie werden aber natürlich implementiert, denn eine Software macht an sich ja erstmal gar nichts: Sie muss irgendwo physisch auf einem Rechner laufen und manchmal kann sie dann auch direkt mit der Welt interagieren. Meistens passiert das über ein sogenanntes Interface; mit anderen Worten, eine Schnittstelle zur physischen Welt, insbesondere zum Menschen. Zum Beispiel zeigt sie uns etwas auf dem Bildschirm an, also mein Telefon zeigt zum Beispiel »16:15«. Diese Anzeige wirkt natürlich in einem minimalen Sinn bereits physisch auf die Umwelt ein. Es gibt darüber hinaus Systeme, die in einem substanzielleren Sinne auf die Umwelt einwirken, nämlich über physische Kräfte. Diese Systeme nennt man *Roboter.* Folglich sind Roboter Systeme, die etwas greifen können, etwas wegschieben können oder, wie autonome Autos, irgendwo hinfahren können.

Die KI-Ethik beschäftigt sich also eigentlich mit der KI in den Robotern, sofern sie sich überhaupt mit Robotern beschäftigt. Es gibt eine interessante Entwicklung in dem Bereich: Die Ethik der Robotik war eine Zeit lang in Mode, weil man sich irgendwie immer einen Akteur wie du und ich in der Welt vorstellen möchte – also mit einem Körper, der sich durch die Welt bewegt, welcher möglichst auch noch menschlich aussieht, wie ein humanoider Roboter. Man hat aber dann relativ bald festgestellt, dass die wirklich interessanten ethischen Fragen nicht mit dieser verkörperlichten

Form der KI zusammenhängen, sondern schlicht mit dem, was die KI macht und warum. Ich glaube auch, dass die ethischen Probleme bei den Systemen sehr viel drängender sind, die keine Roboter sind. Das liegt daran, dass, zumindest gegenwärtig, robotische Systeme weniger Einfluss auf die Welt haben als nicht-robotische.

TEIL I:

PHILOSOPHIE UND KI

MARTIN HÄHNEL: Da wir hier ein dezidiert philosophisches Gespräch führen, bin ich natürlich daran interessiert zu erfahren, was Sie für einen Philosophiebegriff haben, das heißt was Sie allgemein unter Philosophie verstehen?

VINCENT C. MÜLLER: Da beginnen wir gleich mit einer notorisch schwierigen Frage. Denn die Frage, was die Philosophie ist und wie man philosophieren sollte, ist ja bekanntlich selbst eine philosophische Frage. Darin unterscheidet sich die Philosophie von anderen Wissenschaften, dass sie diese Arbeit selbst machen muss. Mein grober Begriff von Philosophie ist, dass philosophische Fragen immer dann auftauchen, wenn man eine beliebige Frage bis zum Grunde weiterverfolgt; also immer tiefer gräbt. Wenn man das tut, dann kommt man irgendwann zu Fragen, die sich darum drehen, was ein bestimmter Begriff bedeuten soll. Also man fragt sich zum Beispiel: Was ist Freiheit oder was ist Schönheit? Philosophische Fragen haben eigentlich alle diese Form: Was ist *x*? Und für dieses *x* kommt dann in der Regel ein relativ abstrakter Begriff ins Spiel. Diese Art von Fragen sind also eigentlich begriffliche Fragen, nach meiner Auffassung. Begriffliche Fragen sind in der Geschichte der Philosophie natürlich auf verschiedene Arten und Weisen beantwortet worden.

Meine Herangehensweise an solche Fragen ist, dass wir uns erstens darum kümmern müssen, wie diese Begriffe verwendet werden, also so, wie es die klassische *Ordinary Language Philosophy* vorschlägt – das wäre die *Analyse*. Zweitens müssen wir aber darauf schauen, wie es um die Referenten dieser Begriffe steht, wie die Welt beschaffen ist. Und das wird wiederum die Begriffe selbst beeinflussen. Das heißt, man muss die jeweils relevanten wissenschaftlichen Erkenntnisse einbauen, um den Begriff wirklich besser zu verstehen – das wäre die empirische Wissenschaft. So weit handelt es sich bei dieser Auffassung um genau das, was Quine in *Two Dogmas of Empiricism* gefordert hat.[1] Drittens habe ich eine Sympathie dafür, die Begriffe so auszugestalten, wie wir sie *brau-*

chen – das wäre der pragmatische Aspekt. Man nennt das heutzutage »conceptual engineering«[2], es ist aber eigentlich nichts Neues. Die Idee ist, dass man bei der Methode der Begriffsanalyse nicht erwarten kann, dass sich die richtige Analyse gewissermaßen vorgefertigt irgendwo finden lässt, sondern man muss die Begriffe in einem gewissen Maße erst für unsere *Zwecke* formen. Und man kann zum Beispiel zu dem Schluss kommen, dass es eigentlich verschiedene Begriffe gibt, die für verschiedene Zwecke nützlich sind. Ich habe zum Beispiel vorhin den Begriff der Freiheit erwähnt. Es ist relativ klar, dass es einen Begriff von politischer Freiheit gibt, der erhebliche Bedeutung hat. Und es gibt einen Begriff von Willensfreiheit, der eine andere Bedeutung in der Philosophie hat, und man sollte, glaube ich, bei solchen Gelegenheiten erkennen und anerkennen, dass es verschiedene Verwendungen bzw. Zwecke für diese Begriffe gibt, und die Begriffe dann dementsprechend ausformen. Schließlich bin ich der Meinung, dass diese grundlegende Arbeit an den Begriffen, die also analytische, empirische und pragmatische Aspekte hat, auch durch die philosophische Arbeit an der KI gemacht werden kann. Ich nenne das *KI-Philosophie*, weil auch die KI eine sehr nützliche Methode ist, mit der man diese philosophische Arbeit verrichten kann.

MARTIN HÄHNEL: Das bringt mich gleich zu einer Anschlussfrage, wenn Sie von KI-Philosophie sprechen. Diese scheint mir ja vielleicht so eine Art neue philosophische Subdisziplin, ja vielleicht sogar neues Paradigma zu sein, oder? Und da ist natürlich die Frage interessant, wie sich eine KI-Philosophie, die Sie vielleicht dann auch gar nicht so gern als Philosophie *der* KI bezeichnen würden, in den Kanon der anderen Disziplinen einordnet. Wie verhält sich ihre Vorstellung von KI-Philosophie zum Beispiel zu klassischen Fragen der theoretischen Philosophie? Sie hatten in Bezug auf den Freiheitsbegriff bereits erwähnt, dass eine KI-Philosophie sich mit solchen tradierten Konzepten auseinandersetzen muss, ohne diese übernehmen zu müssen. Und betrachten wir die Ethik, zu der Sie ja auch arbeiten: Wie positioniert sich da eine KI-Philosophie? Ist sie eine neue Form oder weitere Spielart der angewandten Ethik oder angewandten Philosophie?

VINCENT C. MÜLLER: Ich sollte zugeben, dass der Begriff der KI-Philosophie gerade erst erfunden worden ist und wir noch nicht so richtig wissen, wie eine gute Theorie dazu aussehen soll.[3] Aber jedenfalls ist die Idee, die wir haben, dass sich die Philosophie durch die Beschäftigung mit der KI *selbst verändert*. Ich erwarte nicht, dass wir mit KI-Methoden Philosophie machen (das scheint mir ziemlich hoffnungslos), sondern dass wir durch die philosophische Beschäftigung mit dieser speziellen Technologie die Philosophie verändern werden. Es ist ja zunächst nichts Ungewöhnliches, dass die Philosophie durch solche äußeren Einflüsse verändert wird: Marx wurde von den Umwälzungen der Ökonomie verändert, der Wiener Kreis wurde sicherlich stark durch die Beschäftigung mit den Naturwissenschaften und der Mathematik verändert und die Hermeneutiker wurden durch die Bibelinterpretation verändert. Es gibt also Einflüsse von außen, die in der Philosophie eine große Rolle spielen, und mir scheint, dass es sehr naheliegend ist, dass das auch in der KI der Fall sein wird. Das ist eben die Zukunft oder ein Teil der Zukunft. Aber wie genau das stattfinden wird, ist noch nicht klar, wie mir scheint. Wir arbeiten daran.

Was klar ist, ist, dass die KI, weil sie eben das Projekt verfolgt, ein allgemein intelligentes System zu schaffen, in diesem Projekt eine ganze Menge Aspekte einbauen will, die für intelligente Systeme notwendig sind. Und da spielen Erkenntnis und Wahrnehmung eine Rolle und Wille und Werte und Entscheidungen – also Fragen, die in der Philosophie traditionell eine große Rolle spielen. Ich erwarte also, dass man in diesen Fragen auch auf die KI zurückgreifen wird. Eine Methode, diese Idee zu erklären, ist, dass wir in der Philosophie ja eigentlich *allgemeine* begriffliche Fragen behandeln. Also nicht: Wie ist die Entscheidungsfindung bei Homo sapiens konstruiert? (das wäre eine Frage der Kognitionswissenschaften), sondern: Was *heißt* es überhaupt, eine Entscheidung zu fällen? Und wenn man diese begriffliche Arbeit macht, dann ist es eigentlich merkwürdig, dass man sich immer nur auf einen einzigen Fall kapriziert, nämlich den menschlichen Fall. Die traditionelle Methode in der Philosophie ist, dass wir uns sehr auf die Menschen konzentrieren, obwohl wir natürlich eigentlich *allgemein* begriffliche Fragen erforschen und daher eigentlich alle *möglichen* Systeme in der Welt in Betracht ziehen müssten. Das tun wir in einem gewissen Maße schon in Form von Gedankenexperimenten, die ja in der Philosophie eine große Rolle spielen, so fragen wir uns zum Beispiel, was die Bedingungen dafür wären, dass der liebe Gott eine solche Eigenschaft hat oder Engel oder gelegentlich auch Tiere, je nachdem, um welches Problem es geht.

Aber mir scheint, dass die Beschäftigung mit künstlichen Systemen, auch zum Teil fiktionalen oder noch nicht realisierten künstlichen Systemen, einen interessanten Beitrag zur Begriffsanalyse und Begriffsformung leisten könnte. Ich sollte noch einmal betonen, dass diese Auffassung wirklich eine relativ neue und noch ungeprüfte Auffassung ist. Also die Hauptbeschäftigung der Philosophie mit der KI ist tatsächlich Philosophie *der KI* und Ethik *der KI*, was in einem gewissen Sinne angewandte Philosophie ist. Man sollte sich aber jedenfalls dabei vor Augen führen, dass angewandte Philosophie, wie eigentlich jede angewandte Wissenschaft, nicht bedeutet, dass man eine philosophische Lösung quasi in der Tasche hat und dann herauszieht, um sie auf irgendein Problem anzuwenden. Vielmehr resultiert der Versuch dieser Anwendung einer philosophischen Auffassung eigentlich immer in einer *Veränderung* dieser philosophischen Auffassung selbst. Das ist sogar in der angewandten Mathematik ähnlich, die auch nicht nur bereits vorhandene Mathematik anwendet. Nur deswegen ist Anwendung ja auch philosophisch interessant: Wenn man einfach sagen könnte, wir haben jetzt philosophisch schon das und das herausgefunden und das gilt jetzt auch in diesem Bereich, dann wäre das ja eigentlich furchtbar langweilig.

MARTIN HÄHNEL: Ja, vielen Dank. Also ich glaube, dass das ein ganz spannender Punkt ist. Auch dass man sozusagen eine sogenannte KI-Ethik nicht einfach als so eine Art Bereichsethik neben anderen angewandten Ethiken begreifen sollte, sondern dass sie eben als etwas zu verstehen ist, das sozusagen grundlegenden Einfluss auf unser Denken und Handeln hat, während wir sie praktizieren. Dies hat dann sicherlich auch Auswirkungen auf schon bestehende Überlegungen im Kontext der anderen angewandten Ethiken, die ebenfalls mit Fragen der KI zu tun haben, zum Beispiel die klassischen Bereichsethiken von Umwelt-, Klima- oder Medizinethik.

VINCENT C. MÜLLER: Wenn ich da kurz einhaken darf. Dieselbe Überlegung, die ich gerade angestellt habe, würde natürlich auch für diese Ethiken gelten. Wir sind uns jetzt sehr viel mehr darüber im Klaren, dass wir biologische Wesen in einem biologischen Kontext sind, als das vor einigen Jahrzehnten noch der Fall gewesen wäre. Und das hat damit zu tun, dass diese Ethiken das besser verstanden haben. Das ist ein philosophischer Fortschritt, würde ich sagen, der eben aus dieser angeblichen »Anwendung« stammt.

MARTIN HÄHNEL: Weil Sie gerade von Fortschritt sprechen: Inwieweit könnte denn eine KI-Ethik oder KI-Philosophie Fortschritt bewirken, sowohl in den Bereichsethiken als auch in unseren Ethiktheorien?

VINCENT C. MÜLLER: Ich bin mir ziemlich sicher, dass wir da Fortschritte, und zwar nicht unerhebliche Fortschritte, erzielen werden, weil wir einfach von dem menschlichen Fall wegkommen und uns klarer wird, was wir eigentlich meinen. Zum Beispiel hatte ich gestern eine Diskussion mit einem spanischen Kollegen über die Frage, ob man Tugendethik für KI-Systeme machen könnte. Und wenn man sich darüber kurz Gedanken macht, fällt einem gleich ein, dass Tugenden ja bei Aristoteles eine sehr allgemeine Bedeutung haben und er völlig unproblematisch von der Tugend eines scharfen Messers spricht – eben eine Tugend (areté) auf ein Ziel (télos) hin.[4] Also wäre es für ihn durchaus plausibel, auch von den Tugenden eines Computersystems zu sprechen. Aber wenn man das tun würde, würde man natürlich den Begriff der Tugendethik erheblich verändern, denn dieser kapriziert sich ja bisher auf menschliche Tugenden für menschliche Ziele.

Das wäre eine Richtung, von der ich denke, sie könnte interessant sein, auch weil die Tugendethik meines Erachtens eigentlich in der Ethik zentral ist: Ich würde systematisch und in der Lehre normalerweise mit Tugendethik anfangen. Ein Grund, warum Tugendethik von besonderer Bedeutung in der KI ist, liegt in der Tatsache, dass Tugendethik kognitiv ökonomisch ist. Man muss nicht über jeden einzelnen Fall furchtbar kompliziert nachdenken, wie man das zum Beispiel bei Kant oder in einer utilitaristischen Ethik tun müsste – diese Ethiken stellen eigentlich kognitiv völlig unrealistische Anforderungen. (Wir wissen, dass rationales Handeln nicht bedeutet, die beste Handlung zu wählen, sondern diejenige, welche in den Grenzen der verfügbaren Ressourcen als die beste erscheint. Das nennt sich »bounded rationality« oder »resource-optimal rationality«.)[5]

MARTIN HÄHNEL: Das entspricht gewissermaßen dem berühmten Ausspruch von Bernhard Williams, dem zufolge es immer »ein Gedanke zu viel« (*one thought too many*)[6] sei, wenn die moralische Rechtfertigung einer Handlung nicht Teil der Handlung selbst sein darf. Was er damit meinte und was man auch auf kognitiv ökonomische KI-Systeme beziehen könnte, ist, dass regelbasierte Analysen in der Moralphilosophie nicht immer eine praktische Hilfe sind, wenn es darum geht, dringende ethische Probleme zu lösen.

TEIL II:
ETHIK, RECHT UND ÖKONOMIE DER KI

MARTIN HÄHNEL: Sicherlich ist das Verhältnis von KI und Philosophie damit noch nicht erschöpfend behandelt. Aber wenn sie damit einverstanden sind, würde ich jetzt in die nächste Abteilung Ethik, Recht und Ökonomie der KI wechseln. Dabei wird es natürlich weiterhin philosophisch bleiben, denke ich, aber wir werden hier noch stärker auf praktische Aspekte abheben. Da würde mich als Erstes Folgendes interessieren: Man kann ja heutzutage sagen, dass es nicht nur in Bezug auf KI einen Boom gibt, manche sagen sogar, einen Hype, sondern eben auch in Bezug auf die KI-Ethik. Es gibt ja hierzu unzählige Zeitschriftenartikel und es werden quasi wie am Fließband Kodizes, Richtlinien, ethische Frameworks entworfen. Es handelt sich also um eine unüberschaubare Fülle von Dingen, die gerade im Entstehen begriffen sind und die ethischen Aspekte einer KI-Nutzung in den Mittelpunkt stellen. Aber was halten Sie denn von dieser starken Ethisierung? Und was sind für Sie selbst die wichtigsten Themen, die innerhalb einer KI-Ethik besprochen werden sollen? Es scheint ja aus meiner Sicht nicht alles gleich wichtig zu sein.

VINCENT C. MÜLLER: Also zunächst mal finde ich, wir sollten diese gesellschaftliche Entwicklung ernst nehmen. Es gibt ganz offensichtlich einen öffentlichen Bedarf an ethischer Orientierung bei dieser neuen und irgendwie sehr beunruhigenden Technologie. Mir scheint, das ist insofern gerechtfertigt, als diese Technologie langfristig als eine historische Wende in der menschlichen Geschichte angesehen werden wird, vielleicht ähnlich der »industriellen Revolution«. Diese Entwicklung ist natürlich auch eine günstige Gelegenheit für die Philosophie, zu sagen, vielleicht hätten wir hier etwas Interessantes beizutragen. Schon mal gut, wenn uns überhaupt jemand fragt. Sonst haben wir ja eher die Tendenz, in der akademischen Hinterstube unter uns zu bleiben.

Was allerdings in diesem Rahmen getan werden muss, darüber gehen doch die Meinungen ziemlich weit auseinander. Sie haben schon erwähnt, dass es eine Fülle von Ethikrichtlinien gab und gibt. Ich würde sagen, das war so eine Mode, so vielleicht von 2019 bis 2021, wo ganz viele Institutionen den Eindruck hatten, wenn wir jetzt mal Prinzipien aufschreiben, dann wird das Problem im Wesentlichen gelöst sein. Ich glaube nicht, dass daran viele Philosophen beteiligt waren oder das auch nur mit Freude betrachtet haben, weil da natürlich ziemlich allgemeine Trivialitäten verbreitet wurden, wie zum Beispiel dass die KI-Systeme für Gerechtigkeit und das Wohlergehen der Menschheit sorgen sollen oder so ähnlich. Das erinnert an einen Politiker, der sagt: »Ich bin für Wohlstand und gegen Arbeitslosigkeit.« So etwas hilft nicht weiter. Inzwischen glaube ich, dass auch die Institutionen, die diese Prinzipien aufgeschrieben haben, erkannt haben, dass dieses Vorgehen nicht zielführend ist. Und es gibt inzwischen auch eine gewisse Differenzierung in der akademischen und philosophischen Beschäftigung mit der KI-Ethik. Ich habe 2020 den ersten Überblicksartikel über KI-Ethik veröffentlicht, in der *Stanford Encyclopedia of Philosophy.*[7]

Es ist interessant, sich das einmal vor Augen zu führen: Es ist wirklich noch ein sehr junges Fach. Damals gab es keine Einigung darüber, welche eigentlich die wichtigen Themen sind. Ich habe also versucht, die Debatten nach Themen zu ordnen – und ich habe alle dort zitierten Autoren nach ihrer Meinung gefragt. Ich hatte damals den Eindruck, dass zunächst eine Reihe von wichtigen Themen eigentlich aus der Computerethik kommen, vor allem *Datenschutz, Überwachung und Manipulation* durch Daten und Computersysteme. Dann hatten wir eine relativ ausgiebige Diskussion über »*Opazität*«, also über die Undurchsichtigkeit von KI-Systemen, die Entscheidungen fällen, bei denen man aber nicht genau weiß, wie sie das machen und warum. Dann gab es den Bereich der *Ethik in der Robotik,* der große Beunruhigung ausgelöst hat. An diesem Punkt glaube ich, dass die Mehrheit der Forschung meinen Voraussagen von damals gefolgt ist, nämlich, dass die Robotik an Bedeutung stark verlieren wird, sobald die Leute merken, dass uns eigentlich die KI sehr viel mehr beeinflusst, auch wenn sie sehr viel schlechter zu erkennen ist. Und dann gab es eine ganze Reihe von Diskussionen über klassische philosophische Themen, die in diesem Bereich wieder auftauchen. Zum Beispiel: Was würde es bedeuten, dass ein Roboter *verantwortlich* für seine Handlung ist? Oder kann man so etwas haben wie eine *Maschinenethik*, die in der Maschine selbst steckt? Sollten Roboter vielleicht sogar Rechte haben oder unter welchen Bedingungen würde man sowas diskutieren? Und schließlich gab es eine ziemlich ausgedehnte Diskussion, die auch weitergeführt wird, über das Risiko, dass uns die KI irgendwie über den Kopf wächst, in einer »*Singularität*« selbst die Kontrolle übernimmt und vielleicht sogar ein existenzielles Risiko für die Menschheit darstellt. Dies ist eine Diskussion, die es schon seit den späten 90er Jahren gibt, die von Ray Kurzweil[8] und anderen Leuten angestoßen wurde und die eigentlich bisher eher belächelt wurde – was ich nicht für eine gute Antwort halte.

In der angewandten KI-Ethik wandelt sich recht häufig, was man gegenwärtig für das gesellschaftliche wichtigste Problem hält. Ich glaube, es gibt im Moment eine gewisse Einigkeit darüber, dass die Verlässlichkeit von Wahrnehmungsdaten ein wirklich großes Problem darstellt. Ich weiß im Grunde genommen nicht, ob ich mich in diesem Videochat tatsächlich mit einer Person unterhalte. Wir beide haben uns noch nie physisch gesehen. Es ist demnach nicht wirklich klar, ob vielleicht Ihre E-Mails usw. nicht von einer Maschine geschrieben wurden und das, was ich jetzt sehe, nicht doch eine Video-Animation einer zufälligen Person darstellt, die Ihnen auch gar nicht ähnlich sehen muss, weil das ja nicht nötig wäre (aber auch Ähnlichkeit könnte man wohl mit einem »Deepfake« erzeugen). Also wenn man erstens die Verlässlichkeit all dieser Informationen verliert und zweitens weitgehend mit Bildschirmen lebt, wie wir das ja heutzutage tun, dann erzeugt das sicherlich eine erhebliche Schwierigkeit.

In Anbetracht all dieser Themen und des gesellschaftlichen Bedarfes ist die philosophische KI-Ethik ein Fach, das gegenwärtig aufblüht und immer mehr Leute anzieht – aus der Philosophie und aus anderen Bereichen. Und dann gibt es einen inzwischen davon relativ stark getrennten Bereich der *KI-Policy*, also der regulativen Behandlung der KI, im Wesentlichen von Seiten öffentlicher Einrichtungen, aber auch industrieller Akteure. Und da gibt es natürlich eine riesige Menge an Aktivitäten, über die wir sprechen sollten.

MARTIN HÄHNEL: Ja genau, dazu kommen wir später noch. Aber zuvor eine andere Frage: Jüngst ist von Ronald J. Brachman und Hector J. Levesque bei MIT Press ein interessantes Buch erschienen,[9] in dem versucht wird, Verlässlichkeit, Akzeptanz und Vertrauen gegenüber KI dadurch zu erzeugen, dass KI-Systeme näher an so etwas wie den gesunden Menschenverstand oder an *Common Sense* herangeführt werden. Was halten Sie von dieser Perspektive und was würde das für die KI-Ethik als solche bedeuten, falls das irgendwie gelänge? Oder vielleicht ist es auch schon in Ansätzen gelungen?

VINCENT C. MÜLLER: Ich kenne das Buch leider noch nicht, aber die Idee, den Maschinen *Common Sense* (oder »gesunden Menschenverstand«) beizubringen, ist sehr alt.[10] Der Grund liegt darin, dass man schon in den Anfängen der KI in den 50er bzw. 60er Jahren festgestellt hat, dass die Maschinen recht komplizierte Zusammenhänge ganz wunderbar lösen und dann plötzlich ganz blöde Fehler machen, die einem Menschen niemals einfallen würden. Wenn der Roboter versucht, das gefüllte Wasserglas auf den Tisch zu stellen, und erkennt, dass das Wasserglas oben breiter ist als unten und es deswegen mit der Öffnung nach unten auf den Tisch stellt, dann würde man sagen: »›Du‹ hast nicht verstanden, was der Sinn von Auf-den-Tisch-Stellen ist« – und was bei der Aufgabe, ein Glas in den Schrank zu stellen, anders ist. Es ist naheliegend, so ein Problem als einen Mangel an *Common Sense* zu beschreiben, weil das System ja brav den Regeln gefolgt ist. (Ein klassisches Beispiel wäre, wenn man ein autonomes Auto bittet: »Bring mich so schnell wie möglich zum Flughafen.« Das kann man einer Taxifahrerin sagen, aber bei einer KI könnte das zu interessanten Schwierigkeiten führen … von illegalem Fahren bis hin zu tödlicher Fliehkraft.) Es ist allerdings eine bekannte Schwierigkeit, dem System beizubringen, was *Common Sense* überhaupt heißen soll – ich weiß nicht, wie das gelingen kann, denn ich sehe ehrlich gesagt keine guten Chancen, so etwas irgendwie so zu kodifizieren, dass man es einer Maschine einigermaßen beibringen kann. Es gab in den 80er und 90er Jahren ein Projekt namens »CYC«, bei dem man versucht hat, den KI-Systemen ganz viele grundsätzliche Fakten über die Welt beizubringen.[11] Das war mit einem riesigen Aufwand verbunden, mit Hunderten oder jedenfalls Dutzenden von Leuten über einen langen Zeitraum hinweg, und ist am Ende im Wesentlichen gescheitert. Aber es ist natürlich inzwischen so, dass man einfach *statistisch* über solche Probleme eine ganze Menge sagen kann. Also wenn man Bilder von Glas-auf-Tisch sieht, dann sieht man, dass die Öffnung in fast allen Bildern oben ist und in allen, wo sich eine Flüssigkeit im Glas befindet. Also wird man wahrscheinlich dieses Muster feststellen können, und vielleicht sollte ich »normalerweise« das Glas so herum hinstellen – aber was sind die *nicht* »normalen« Fälle und was soll ich in denen tun? Also, ich bin nicht sehr optimistisch, dass man *Common Sense* gut genug erklären kann, um es dann tatsächlich einer Maschine beizubringen. Das ist natürlich gewissermaßen eher ein Problem des Common Sense als der Maschine – und es bleibt ein interessantes Thema.

MARTIN HÄHNEL: Gehen wir über zur ethischen Diskussion verschiedener Anwendungsfelder. Ein großes Gebiet der Ethik-Diskussion in Bezug auf KI und Robotik ist natürlich die Mensch-Roboter-Interaktion. Man denke hier an das große Feld der Pflegeroboter oder auch an Sexroboter etc. Wo liegen Ihrer Meinung nach die größten ethischen Herausforderungen auf diesem Gebiet?

VINCENT C. MÜLLER: Auch wenn ich bereits gesagt habe, dass die Ethik der Robotik vielleicht etwas überschätzt wurde, ist es natürlich so, dass wir im Bereich der Robotik eine direkte physische Auswirkung auf die Umwelt haben. Und das heißt auch, dass diese Auswirkungen sehr oft eben sehr bedeutsam sind – denn die Frage, wie dringlich eine ethische Untersuchung ist, hängt ja nicht unwesentlich damit zusammen, wie bedeutsam die Konsequenzen einer Entscheidung tatsächlich sind (und nicht nur damit, was Philosophen »interessant« finden). Also, wenn mir ein System ein Musikstück vorschlägt, das ich langweilig finde, dann war es nicht so ein Drama, wenn mir aber das System die Sozialhilfe kürzt, dann kann es ein Drama sein (das ist ja tatsächlich in den Niederlanden passiert und 2021 trat deswegen die Regierung Rutte zurück).

Also wenn wir einen Roboter betrachten, der in einem kriegsähnlichen Kontext eingesetzt wird, sollte man sehr viel höhere Anforderungen stellen, zum Beispiel daran, dass das Ding auch tatsächlich das tut, was man sich vorgestellt hat. Diese Art von Erwägungen haben dazu geführt, dass man eben die Robotik als besonders problematischen Bereich ansieht. Diese Diskussion hat aber ziemlich unterschiedliche Facetten. Zum Teil ist es einfach konsequentialistisch: Wenn die Konsequenzen dramatischer sind, ist es wichtiger; dafür sind autonome Waffen ein klares Beispiel.[12] Zum Teil hat es mit Machtstrukturen zu tun und zum Teil hat das etwas mit der Besonderheit menschlicher Beziehungen zu tun. Die sogenannten »Care Roboter«, also die Roboter, die sich mit der Pflege oder Versorgung von Menschen befassen, sind im Moment wesentlich eine Fiktion. Es gibt eigentlich nur Roboter, die ziemlich einfache Sachen machen können, wie Medikamente von A nach B transportieren oder Ähnliches. Es gibt aber natürlich eine dystopische Vorstellung, was passieren könnte, wenn man Roboter hätte, die alle Aufgaben einer Altenpflege erledigen können. Das stellt man sich mit Recht als furchtbar vor. Warum? Weil eben zur Pflege – und da ist der englische Ausdruck *care* vielleicht etwas ansprechender – eben auch die *Zuwendung* gehört, die menschliche Zuwendung, die Empfindung, dass sich jemand um mich kümmert *(someone cares for me).* Und das kann man von einer Maschine nicht erhoffen. Insofern ist auch »Care Robotics« ein Widerspruch, weil ein Roboter sich eigentlich gar nicht kümmern kann (unter der Annahme, dass phänomenales Bewusstsein nicht erzeugt werden kann). Man könnte natürlich Roboter bauen, die bei der Pflege helfen, und wie ich aus eigener Erfahrung sagen kann, wäre das bei manchen Sachen sehr nützlich, zum Beispiel ist es keine einfache Tätigkeit und schlecht für den Rücken, Leute aus einem Bett hochzuheben. Aber die eigentliche Pflege *kann* man dadurch nicht ersetzen und *sollte* man auch nicht ersetzen, weil es eben die Pflege selbst extrem in ihrer Qualität mindern würde. Mir scheint also, dass die Ethik der Robotik zu einem ganz wesentlichen Teil darauf abzielt, dass wir menschlicher Interaktionen einen ganz besonderen Wert zuschreiben und uns mit Recht davor fürchten, dass diese menschliche Interaktion möglicherweise durch technische Entwicklungen untergraben wird. (Dasselbe gilt natürlich auch für Sex-Roboter, aber das ist ein weites Feld.)

Das ist jetzt vielleicht ein etwas anderes Thema, aber mir scheint, dass menschliche Interaktion und menschliche Beziehungen tatsächlich immer schwächer werden – und das hat auch mit Technologie zu tun. Man sieht zum Beispiel jetzt schon nicht so selten, dass sogar Leute, die sich in einer intimen Beziehung befinden, eher auf Bildschirme gucken, als sich miteinander zu beschäftigen. Man kann sich relativ leicht vorstellen, wie sich das entwickelt, wenn diese Bildschirme sehr viel komplexere und interessantere Interaktionen ermöglichen – denn Online-Aufmerksamkeit ist Geld wert, es gibt eine »Aufmerksamkeits-Ökonomie«, auch »Überwachungs-Kapitalismus« genannt.[13]

Wenn ich also zu Hause arbeiten kann, zu Hause meine sozialen Interaktionen durchführen, zu Hause alles einkaufen kann usw., dann wird die Tatsache, dass das möglich ist, eben auch die Wahrscheinlichkeit erhöhen, dass Leute das *tatsächlich* machen, und die menschlichen Schwächen, die da vorhanden sind, nicht kompensieren, sondern sogar verstärken. Jemand, der sich eben in zwischenmenschlichen Kontexten irgendwie unwohl fühlt, wird dann auch weniger solche Kontexte aufsuchen und natürlich dadurch seine Kompetenz in diesem Bereich noch stärker reduzieren. Jemand, der die Kompetenzen nicht hat, wird sie nicht entwickeln. Und mir scheint, es gibt tatsächlich eine erhebliche Entwicklung in diese Richtung – nicht nur die *Gefahr* eine solchen Entwicklung.

Wenn man die Sache jetzt so ein bisschen im Sinne von Science-Fiction weiterspinnt, dann kann man sich natürlich auch gut vorstellen, dass eine ganze Menge dieser Interaktionen in Wirklichkeit überhaupt nicht mit Menschen stattfinden werden. Also, so wie man jetzt schon auf mechanische Art und Weise etwas online bestellen kann, ohne dass man jemals mit irgendeinem anderen Menschen in Kontakt war, könnte man sich ja auch auf mechanische Art und Weise mit jemandem unterhalten. Und auch dazu braucht es eigentlich inzwischen keinen Menschen mehr, oder bald jedenfalls. Also könnte man dann eigentlich auf menschliche Interaktion vollkommen verzichten. Und natürlich scheint mir das keine positive Entwicklung zu sein, auf die wir hinsteuern sollten. Wir müssen darauf achten, wohin das geht und was man von diesen Entwicklungen möchte und was nicht – was gesellschaftlich sinnvoll ist, kann hier deutlich von dem abweichen, was ökonomisch sinnvoll ist.

MARTIN HÄHNEL: Das bringt mich gleich auf eine andere Frage in diesem Zusammenhang. Es gibt ja auch eine große Diskussion über *robot deception*,[14] also über Täuschungspotentiale, die diesen Systemen eventuell innewohnen. Wie würden Sie das einschätzen? Welche verschiedenen Formen von Täuschung gibt es in diesem Bereich? Was bedeutet es, wenn man sich von gewissen Dingen bewusst oder absichtlich täuschen lassen will? Natürlich werden wir ständig unbewusst getäuscht. Aber würden Sie auch so weit gehen zu sagen, dass wir in der Diskussion so eine gewisse, wie hat es mal ein Philosoph gesagt, Verblüffungsresistenz gegenüber bestimmten Angeboten aufbauen sollten, damit wir uns nicht von anderen und von uns selbst täuschen lassen? Die Frage nach Täuschung und auch Selbsttäuschung letztlich im Umgang mit solchen Systemen ist ja eine wichtige Frage. Was haben Sie da für eine Meinung?

VINCENT C. MÜLLER: Das ist sicherlich eine wichtige Frage. Ich würde sogar vermuten, dass es sich hierbei um die wichtigste Frage in den nächsten Jahren innerhalb der KI-Ethik handelt, eben weil wir sehr, sehr viele Aspekte unserer täglichen Interaktion über Computersysteme abwickeln und damit das Tor offensteht für die Erzeugung einer künstlichen Interaktion dieser Art. Ich schreibe keine Briefe, sondern ich schreibe E-Mails und die kann ein Computersystem auch schreiben und das kann mir auch passend antworten. Ich unterhalte mich mit Ihnen über ein Computersystem, das mir in Ton und Farbe ein bewegtes Bild zur Verfügung stellt. Auch das lässt sich im Prinzip auf künstliche Art und Weise erzeugen, sodass ich also langsam einen guten Grund habe, niemandem und nichts mehr so richtig zu trauen. Also eigentlich könnte das alles ein Fake sein. Es gibt in Wirklichkeit keinen Martin Hähnel. Die Informationen, die ich über Sie habe, sind zu 100 % über digitale Systeme erzeugt worden.

Das wirft natürlich das Problem auf, wann ich Informationen trauen kann. Und wir wissen ja schon, dass es in vielen Bereichen so ist, dass ich diesen Informationen nicht trauen kann, weil sie eben von Leuten für die Verfolgung bestimmter Interessen geschaffen wurden, zum Beispiel, um mir etwas zu verkaufen oder mich dazu zu bringen, bei einer Wahl einen bestimmten Kandidaten zu wählen. Und wenn man sich dazu dann noch vorstellt, dass man dieses Potenzial hat und sehr viel über die Person weiß, die man möglicherweise mit solchen Methoden beeinflussen möchte, dann gibt es natürlich sehr viele Möglichkeiten, tatsächlich diese Art von Manipulation durchzuführen. Das heißt also, ich kann der Information, die ich habe, nicht mehr trauen. Und ich weiß auch, dass die Information, die ich habe, individualisiert werden kann, dass sie mich genau zu etwas bringt, was für mich vielleicht relevant wäre.

Ich habe gerade ein paar neue Ski gekauft, zum Beispiel. Das ist etwas, was mich interessiert, aber eben viele andere Leute nicht. Aber wenn jemand ausreichend viel über mich weiß und vielleicht auch über die Jahreszeit und andere Aspekte, die eine Rolle spielen, dann kann er sich vorstellen, dass ich jetzt in diesem Moment empfänglich gewesen wäre für Sachen, die mit dem Kauf von neuen Ski für Skitouren zusammenhängen. Damit ist also der Manipulation Tür und Tor geöffnet und die Manipulation ist eben von ziemlich massiven Interessen gesteuert – was ja nichts Neues ist. Wir wissen, dass politische und ökonomische Interessen auf diese Art und Weise verfolgt werden (ein Doktorand von mir, Anthony Seaboyer, arbeitet zu politischer Manipulation). Die Motivation ist vorhanden, die technischen Mittel werden langsam stärker und man sieht bereits erfolgreiche Manipulationen in verschiedenen Bereichen. Also glaube ich, dass sich hier ein massives Problem entwickelt.

Eine andere Seite dieser Medaille ist die misstrauische Tendenz, aus der Möglichkeit der Manipulation zu schließen, dass jede Information so gut ist wie jede andere: Ich kann also eine beliebige Theorie glauben; eine Verschwörungstheorie (zum Beispiel: Das Corona-Virus ist eine Erfindung irgendwelcher Machthaber) wäre dann ebenso gut wie eine wissenschaftlich begründete Auffassung. Es gab und gibt politische Kräfte, zum Beispiel Berlusconi, Trump, Putin, die absichtlich diese Tendenz unterstützen, um die Abwesenheit von Argumenten zu kaschieren – für die der philosophische Fachausdruck interessanterweise »Bullshit« ist oder, etwas dezenter, »post-faktisch« oder »post-truth«.[15]

MARTIN HÄHNEL: Und auch in erkenntnistheoretischer Sicht taucht dann immer wieder das bekannte Problem des cartesischen Täuscherdämons auf. Wir erinnern uns hier an den Film *Matrix* oder andere populäre Beispiele. Ist KI womöglich ein Kandidat, um dieses Problem noch mal neu zu beleuchten? Stichwort: »Gehirne im Tank«[16]? Oder wäre es abwegig, KI dazu in Beziehung zu setzen?

VINCENT C. MÜLLER: Natürlich ist die Matrix eigentlich eine technische Ausführung des cartesischen Dämons und ich bin sicher nicht der Einzige, der diese Geschichte in Einführungsvorlesungen verwendet. Aber es gibt natürlich einen erheblichen Unterschied zwischen diesen Szenarien und dem Szenario, das ich gerade eben genannt habe. Denn es gibt ja in meinem Szenario immer noch einen Unterschied zwischen dem, was ich aus einer digitalen Quelle wahrnehme, und dem, was ich auf andere Art und Weise wahrnehme. Ich kann meinen Bleistift anfassen und fühlen, dass er da ist. Um mich dabei zu täuschen, braucht es eben tatsächlich einen cartesischen Dämon oder etwas Ähnliches, was auf mein Gehirn so zugreifen kann, dass es einen radikalen Zweifel erzeugt, der dann für das Projekt einer Letztbegründung ein Problem darstellt. Mir scheint, dass das nicht wirklich etwas Neues ist. Aber darüber kann man sich streiten. Es gibt ja auch noch weitere Methoden, also zum Beispiel die *Virtual Reality* oder *Augmented-Reality*-Methoden, durch die sozusagen die Wahrnehmung weiter manipuliert werden kann. Dadurch eröffnen sich natürlich weitere Möglichkeiten. Ich würde im Moment eher den Eindruck vertreten, dass dies uns erlaubt, gewisse, sagen wir mal, Randbereiche der Erkenntnistheorie etwas genauer zu beleuchten. Zum Beispiel das Problem der *valence* im Bewusstsein, also dass bestimmte Wahrnehmungen implizit schon einen Wert haben. Aber ich glaube nicht, dass das zu einer wirklich neuen erkenntnistheoretischen Problematik führt. Es führt zu einer neuen politischen Problematik, scheint mir. (Zu »Gehirne im Tank« sage ich hier lieber nichts, obwohl ich über Putnam promoviert habe, denn das ist eher eine Frage der Semantik.)

MARTIN HÄHNEL: Ihre Kollegin Catrin Misselhorn hat ja in einem Buch verschiedene Aspekte der Maschinenethik behandelt.[17] Unter anderem auch die Frage, was sogenannte künstliche moralische Agenten, *Artificial Moral Agents*, sind, was sie können und was sie tun sollen. Das geht genau zurück auf unsere Ausgangsfrage bzw. den Titel dieses Interviewbuches. Meine erste Frage dazu lautet: Inwieweit kann man hier terminologisch ansetzen und von einem Akteur, einem Handelnden, sprechen? Müssen Systeme, die handeln, nicht zumindest eigene Absichten und Zwecke verfolgen können, um eben als Agenten oder Akteure bezeichnet werden zu können? Wie schätzen Sie das ein: Kann man von solchen künstlichen Akteuren sprechen und davon, dass sie dann auch gewisse Entscheidungen treffen?

VINCENT C. MÜLLER: Ich bin da eher skeptisch und glaube, dass da einige Kolleginnen und Kollegen etwas zu enthusiastisch voranschreiten. Es gibt zunächst einmal Akteure, die sich so verhalten, *als ob* sie moralische Akteure wären. Sie verhalten sich auf eine bestimmte Weise und können vielleicht auch gewisse Gründe dafür angeben, warum sie sich irgendwie so verhalten. Aber es scheint mir klar zu sein, dass wir normalerweise relativ strikte Kriterien dafür anlegen, ob ein System ein moralischer Akteur ist oder auch nur das, was man auf Englisch einen *moralischen Patienten* nennt (also ein System, das Rechte haben kann und dem man etwas Böses oder Gutes zufügen kann, zum Beispiel ein Hund). Um mal damit anzufangen: Damit ein System Rechte hat, muss es auch etwas Böses oder Gutes für dieses System geben. Es muss also tatsächlich irgendeine Art von bewusstem Erleben beinhalten. Aber wir haben im Moment keinerlei Hinweis darauf, dass unsere Systeme so etwas haben und auch keine Idee, wie wir das einbauen könnten, würde ich mal sehr grob sagen. Und aus demselben Grund, scheint mir, haben wir auch keine Systeme, denen wir Verantwortung zuschreiben können – denn auch Verantwortung erfordert nach der üblichen Auffassung eine epistemische Bedingung (über die Welt etwas zu wissen) und eine Kontrollbedingung (die Handlung muss in einem relevanten Sinne »von mir« ausgehen, insbesondere von *meinen* Gedanken und *meinen* Präferenzen). Wir haben wiederum auch nicht den Eindruck, dass diese Systeme in der absehbaren Zukunft geschaffen werden könnten. Also gibt es meines Erachtens keine *artificial moral agents* und die Diskussion ist dementsprechend ein bisschen verfrüht, weil sie im Wesentlichen von Verhaltensweisen dieser Systeme ausgeht und nicht nach den Kriterien fragt.[18]

Das ist aber natürlich eine lange Debatte und sie ist philosophisch nützlich, weil sie es ermöglicht, noch einmal darüber nachzudenken, was die Kriterien sein sollten, für welche Zwecke – insbesondere für Zwecke, bei denen wir nicht schon voraussetzen, dass die potentiellen Akteure Menschen sind. Das fällt dann wieder unter die oben genannte »KI-Philosophie«. Es ist nicht etwa so, dass die Debatte über künstliche moralische Agenten oder die Kriterien bereits entschieden wäre. Es gibt ja Leute, die eine andere Meinung vertreten und die eben zum Beispiel sagen, dass es eigentlich darauf ankommt, wie wir uns zu diesen Akteuren *verhalten*, ob sie tatsächlich moralische Akteure sind. Und es gibt sicherlich den recht wichtigen Einwand, dass es für die moralische Bewertung von Menschen doch tatsächlich von Bedeutung ist, wie Menschen sich gegenüber allen möglichen Gegenständen verhalten, auch solchen, die keine moralischen Rechte haben. Wenn Sie mich dabei ertappen, wie ich einer Puppe den Kopf abschneide, dann würden Sie auch denken: »Oh, da liegt ein psychisches Problem vor«. Sie würden das mit Recht als einen Hinweis auf ein psychisches Problem auffassen, auch wenn die Puppe natürlich keinen Schmerz empfindet. Ich sollte aber eigentlich irgendeine Art von Empathie mit dieser Puppe empfinden. Was wir aber als Philosophen nicht tun sollten, ist zu sagen: Wir empfinden diese Empathie mit einem Gegenstand, also hat dieser Gegenstand auch entsprechende Rechte.

MARTIN HÄHNEL: In diesem Zusammenhang, darauf sind Sie auch am Anfang schon kurz eingegangen, wird ja auch häufig von sogenannten tugendhaften Maschinen gesprochen, also *virtuous machines* als Beispiele für solche künstlichen moralischen Agenten. Es ist dann von »tugendhaft« die Rede, weil man meint, dass Maschinen sich tugendhaft *verhalten* können. Es ist wahrscheinlich auch wichtig, zu betonen, dass es einen Unterschied gibt zwischen der Aussage, dass Maschinen tugendhaft *sind* oder sein sollen, und der Forderung, dass sie sich tugendhaft *verhalten* oder verhalten sollen. Diese Differenz rührt anscheinend daher, dass wir uns Tugendhaftigkeit nur bei Menschen und nicht bei Maschinen vorstellen können. Was sagen Sie dazu? Findet hier nicht auch eine begriffliche Umdeutung im Sinne des »conceptual engineering«[19] statt oder wie schätzen Sie das ein?

VINCENT C. MÜLLER: Ich muss sagen, an dem Punkt wäre ich etwas konzilianter. Aristoteles spricht, wie gesagt, relativ unproblematisch von Tugenden in ganz verschiedenen Bereichen und auch davon, dass das Messer eine Tugend haben kann wie die, scharf zu sein oder eine biegsame Klinge zu haben. Für Aristoteles besteht hier ein ganz unproblematischer, kontinuierlicher Übergang zwischen den verschiedenen Sorten von Tugenden, die dann eben auch menschliche Tugenden umfassen. Es ist überhaupt der Kern seiner Auffassung, dass da eigentlich nichts prinzipiell anderes passiert, sondern dass das alles eine Tugend (areté) in Richtung auf ein Ziel (télos) beinhaltet – die ganze Welt ist so »teleologisch« aufzufassen.[20] Insofern würde ich zunächst mal sagen, man kann auch einer Maschine in diesem aristotelischen Sinne ganz unproblematisch Tugenden zuweisen. Ich würde sogar noch mehr sagen. Wie oben schon angesprochen, ist es ein Vorteil der Tugendethik, dass sie kognitiv ökonomisch ist: Ich muss mich nicht bei jeder Entscheidung damit beschäftigen, ob meine Handlung jetzt irgendwelchen Regeln entspricht oder ob sie maximal positive Konsequenzen erzeugt, was man nur sehr, sehr schwer und mit viel Aufwand berechnen kann, sondern ich kann mich einfach so verhalten, »wie ich bin«. Es geht also in der Ethik darum, dass ich meinen Charakter so forme, dass er tugendhaft ist und ich dementsprechend bestimmte Verhaltensweisen sozusagen automatisch präferiere – das ist meines Erachtens der zentrale Gegensatz der griechischen Tugendethik zur deutschen Pflichtethik bei Kant. Dieser Automatismus, diese Gewohnheit, wie Aristoteles sagt, ist etwas, das kognitiv sehr ökonomisch und deswegen auch realistisch ist. Das heißt, sowohl ein Mensch als auch eine Maschine würden sich sehr viel erfolgreicher gut verhalten, wenn sie automatisch die richtigen Verhaltensweisen wählen. Und insofern würde ich durchaus ein gewisses Potenzial für die Tugendethik in der KI sehen.

MARTIN HÄHNEL: Also würden Sie sozusagen für einen nicht-metaphorischen Gebrauch des Tugendbegriffs in Bezug auf KI-Systeme plädieren?

VINCENT C. MÜLLER: Ja, ich glaube, dass das unter anderem mit den Begriffen in den verschiedenen Sprachen zusammenhängt.[21] Auf Deutsch hört sich »Tugend« sehr viel stärker moralisch an, so wie »tugendhaft« und so weiter. Im Englisch kann man von *virtue* sprechen und im Griechischen von *areté*. Das kann alles Mögliche sein. Man kann auf Englisch durchaus sagen: »It's a virtue of this car that it has cruise control.« Die Rede von »Tugenden dieses Autos« würde sich auf Deutsch schon sehr merkwürdig anhören. Also muss man, wie Sie schon richtig gesagt haben, einen Tugendbegriff einsetzen, der nicht so stark moralisch aufgeladen ist. Das scheint mir aber ganz gut möglich zu sein. Ich bin, ganz allgemein gesagt, überhaupt ein Freund der Tugendethik oder einer »griechischen« Ethik, das heißt ich meine, es kommt für Individuen stärker darauf an, ihren ethischen Charakter zu formen, als pflichtgemäß (deontologisch) Regeln zu folgen oder die Konsequenzen unserer Handlungen zu betrachten – aber natürlich kann Tugendethik in einem Konfliktfall (einem Dilemma) von deontologischen oder konsequentialistischen Erwägungen übertrumpft werden.

MARTIN HÄHNEL: Die bereits schon erwähnte Idee des *conceptual engineering*, also das wissenschaftliche Vorhaben einer Neuentwicklung und eines innovativen Designs von Konzepten und Begriffen, erstreckt sich damit auch auf ethische Begriffe. Vielleicht ist der Begriff der »Tugend« schon ein gutes Beispiel für eine konkrete Anwendung des *conceptual engineering*. Und es gibt auch berühmte Befürworter und Kollegen von Ihnen, zum Beispiel Luciano Floridi, die der Auffassung sind, dass wir die Idee des *conceptual engineering* weiterverfolgen und sogar ausbauen sollten, gerade auch im Hinblick auf eine gelingende ethische, rechtliche und gesellschaftspolitische Begleitung der Entwicklungen neuer Technologien. Natürlich gibt es im Lager der KI-Ethikerinnen und KI-Ethiker auch Kritik an dieser Methode, zum Beispiel von Catrin Misselhorn, die Floridi Folgendes vorwirft: »Wir spielen zwei verschiedene Spiele. Das Spiel, das ich spiele, ist das Spiel der epistemischen Rechtfertigung mit dem Ziel, für die Wahrheit philosophischer Behauptungen zu argumentieren. Dieses Spiel kann man zurückverfolgen auf die platonische Unterscheidung zwischen *techné* und *episteme*, um die es hier eigentlich geht. Floridi hingegen spielt ein konstruktivistisches neues Spiel, das er als ›konzeptionelles Design‹ bezeichnet«[22] und das das Ergebnis dessen ist, was er metaphorisch als »Neustart« (*rebooting*) der Philosophie bezeichnet. Geht Misselhorn hier zu weit, indem sie behauptet, dass *conceptual engineering* die Pfade der klassischen Begriffsanalyse komplett verlässt und damit auch das tausendjährige Spiel der Philosophie verdirbt? Bekanntlich rückt Misselhorn Floridis Ansatz in die Ecke des konzeptuellen Relativismus, von dem ja Donald Davidson schon prominent gesprochen hat. Wie sehen Sie das? Hat diese Kritik ihre Berechtigung?

VINCENT C. MÜLLER: Ich nehme an, Sie meinen »On the very idea of a conceptual scheme«?[23]

MARTIN HÄHNEL: Ja, genau.

VINCENT C. MÜLLER: I like the idea of conceptual schemes. Hier müsste man aber ein bisschen ausholen und klären, damit das Problem sich dann wirklich zeigt. Also, Begriffe sind die Referenz von allgemeinen Termini und unter die Begriffe fallen dann Gegenstände – das nennt man die »Extension« des Begriffes. Sie und ich, wir fallen beide unter eine ganze Reihe von Begriffen, wie zum Beispiel »Deutscher«, »Mann«, »spricht Englisch«, »unter 2 Meter groß« etc. Man kann also dieselben Gegenstände (hier: Menschen) mithilfe verschiedener Systeme (Schemata) von miteinander verbundenen Begriffen (conceptual schemes) beschreiben, je nachdem, was für Zwecke man verfolgt. Um ein politisch etwas heißeres Beispiel zu verwenden: Man kann Menschen nach *Geschlecht* ordnen, und da stellt sich die Frage, nach welchen Kriterien man Menschen unter diese Begriffe einordnen möchte und warum. Nun sind manche Leute der Auffassung, dass es hier um die Einordnung in biologische natürliche Arten für bestimmte Säugetiere geht, und sehen daher eigentlich nur zwei Kategorien: »männlich« und »weiblich« – das wird dann in der Regel genetisch und manchmal auch morphologisch erklärt. Dabei zeigen sich aber schon eine ganze Reihe von Schwierigkeiten, denn nicht wenige Menschen scheinen sich nicht ohne weiteres unter diese zwei Begriffe einordnen zu lassen, es gibt Grenzfälle, auch für natürliche Arten.[24] Und nicht nur das: Es gibt Menschen, die ihre Einordnung in eine der zwei biologischen Kategorien ablehnen, und es scheint daher, dass mit diesen Begriffen auch noch andere Zwecke als biologische Funktion verfolgt werden. Daher gibt es eine Reihe weiterer Begriffe, die, grob gesagt, von der *sozialen* Funktion der Einordnung ausgehen und in der Regel den Individuen die Autorität zugestehen, unter welchen Begriff sie fallen wollen, also zum Beispiel kann jemand sich als »Frau« oder »Trans-Frau« bezeichnen und bestimmte Personalpronomen erwarten („sie/ihr«). Eine m.E. naheliegende Auffassung ist, dass es sich hier eigentlich um zwei verschiedene Begriffsschemata handelt, nämlich *biologisches Geschlecht* versus *soziales Geschlecht* (sex *vs.* gender). Man kann sich deshalb erst dann streiten, ob jemand zum Beispiel »wirklich eine Frau« ist, wenn klar wird, ob der Begriff hier aus dem einen oder dem anderen Schema stammt – das Wort sieht dummerweise gleich aus, kann sich aber auf zwei Begriffe beziehen, und das verwirrt uns. Eigentlich sollten wir auch zwei Wörter haben, so etwas wie »B-Frau« und »G-Frau« – das ist natürlich auch schon versucht worden, zum Beispiel mit »cis-woman«.

Die Akzeptanz von Begriffsschemata hat also erstmal nichts damit zu tun, dass man sagen müsste, alle Begriffsschemata seien gleich gut – sie impliziert also keinen Begriffs-Relativismus. Sie impliziert auch keinen Wahrheits-Relativismus, denn *innerhalb* eines Begriffsschemas hat der Begriff eine bestimmte Bedeutung – deshalb nennt Putnam seine Position ja auch »internen Realismus«, intern zu einem Begriffsschema.[25] Also gibt es für die Aussagen (Propositionen), die ihn enthalten, auch Wahrheitswerte (ich selbst bin zum Beispiel keine »B-Frau«, könnte aber eine »G-Frau« sein oder werden). Auch Davidson hatte eigentlich nur angemerkt, dass die verschiedenen Begriffsschemata nicht wirklich unübersetzbar (oder »inkommensurabel« wie bei Thomas Kuhn) sein können, weil wir dann gar nicht von den verschiedenen Schemata reden könnten, was wir aber offensichtlich tun – das beruht auf seiner Idee, dass wir eigentlich immer schon eine »radikale Interpretation« betreiben. Wer also von Begriffsschemata spricht, ob in der Philosophie oder anderswo, ist nicht aus Misselhorns »Spiel« der Rechtfertigung ausgestiegen … da spielen wir ganz normal mit. (Ich sehe überhaupt nicht, wie man Philosophie oder eine andere Wissenschaft ohne einen solchen Begriff der Rechtfertigung spielen könnte.)

Allerdings bin ich, wie gesagt, der Auffassung, dass die klassische philosophische Begriffsanalyse relativ bald an ihre Grenzen stößt, und dann ist pragmatische Ingenieurstätigkeit gefragt: Konstruktion von Begriffen und Begriffsschemata. Man stellt sich an dieser Stelle meist vor, dass es zwei verschiedene Möglichkeiten gibt, wirklich den »richtigen Begriff« zu finden: Entweder findet man die Grenzen eines Begriffes durch Suchen in der Welt, hier gibt es also irgendeine Art von Realismus. Das ist bei bestimmten Begriffen durchaus naheliegend, zum Beispiel bei den sogenannten natürlichen Arten. Aber bei ganz vielen anderen Begriffen, insbesondere denen der Philosophie, ist das nicht sehr naheliegend. Oder man analysiert den gewöhnlichen Sprachgebrauch und findet heraus, wie ein Begriff dort verwandt wird (nach dem Motto: »Bedeutung ist Gebrauch«). Man hat aber das Problem, dass es eigentlich keinen Grund gibt, den gewöhnlichen Sprachgebrauch für irgendetwas besonders Privilegiertes zu halten. Außerdem scheint sich Philosophie dann plötzlich um bestimmte Worte in einer bestimmten Sprache zu drehen, was mir völlig abwegig vorkommt, und man hat auch das Problem, dass diese Worte nicht schon so ausreichend präzise geformt sind, dass man das einfach sozusagen erfahren kann. Also, was macht man dann? Dann kann man entweder versuchen, weiter zu puzzeln und zu behaupten, dass eigentlich in Wirklichkeit *irgendwie* eine grundlegende Theorie vorhanden sein müsse, nach der beispielsweise Wissen Wahrheit impliziere, das stimmt im Englischen vielleicht, aber im Griechischen leider nicht. Und da, scheint mir, ist dann die Stunde der pragmatischen *Konstruktion* gekommen und man fragt zunächst: Wofür brauchen wir denn diesen Begriff?

In diesem Moment wird man verstehen, dass eine Veränderung der Begriffe keine Veränderung der Tatsachen oder der Welt bedeutet, sondern nur der Art und Weise, wie man über die Tatsachen und die Welt spricht. Wenn Sie, als Beispiel, also einen anderen Begriff von Tugend haben als ich, dann können Sie klarerweise sagen, dass der Bleistift »in meinem Sinne« keine Tugend hat, und ich kann klarerweise sagen, dass er »in meinem Sinne« Tugenden hat. Vielleicht sollten wir dann nicht dasselbe Wort verwenden, weil das ein bisschen irreführend ist. Wir können uns auf einen bestimmten Gebrauch einigen, wie wir das dann machen. Aber wir haben eigentlich keine Meinungsverschiedenheit. Wir verwenden nur verschiedene Begriffe.

Und es ist doch eine klassische Auffassung, dass für die Philosophie eben die Klärung dieser Begriffe zumindest eine zentrale Aufgabe ist, und das Einzige, was *conceptual engineering* vorschlägt, was auch überhaupt nichts Neues ist, ist eben zu sagen, dass man das *auf bestimmte Ziele hin* machen muss. Man muss sich überlegen, wofür diese Begriffe sinnvoll sind. Ich kann nur aus eigener Erfahrung berichten, dass es extrem befreiend ist, wenn man das tatsächlich tut und sagt, wofür man die Begriffe verwenden will – anstatt im luftleeren Raum zu sagen, »was der Begriff eigentlich bedeutet«. Und wenn man einen vernünftigen philosophischen Aufsatz über irgendein kleines Detail einer beliebigen Analyse schreibt, ist es fast immer extrem wichtig zu sagen, welche Ziele man mit dieser Analyse und diesem Begriff verfolgt. Und dann sieht man, dass diese Ziele zwischen verschiedenen Philosophen eben unterschiedlich sind und eine ganze Reihe von Diskussionen dementsprechend einfach vollkommen leer. Wie früher schon gesagt, scheint mir die KI da eine neue Gelegenheit zu bieten, bessere Philosophie über den Weg der KI-Philosophie zu machen, denn der Zweck der philosophischen Analyse lässt sich dann schärfer fassen. Und wenn man einen Zweck hat, kann man auch sagen, welche Lösung besser ist als eine andere – auch hier zeigt sich also, dass sogar *engineering* im Spiel der Rechtfertigung mitspielt.

MARTIN HÄHNEL: Nun gibt es ja auch Überlegungen, die sich am sprachphilosophischen Ansatz von Wittgenstein orientieren, für den die Bedeutung der Begriffe allein im Gebrauch liegt. Das stünde in gewisser Weise im Einklang mit Ihrer Behauptung, dass ein Begriff wie »Tugend« nur im Kontext seines Gebrauchs, was auch einen bestimmten Handlungszweck implizieren muss, sinnvoll verstanden werden kann. Allerdings würde sich Wittgenstein wohl skeptisch darüber äußern, wenn man den normalen Sprachgebrauch nur als eine bestimmte, teilweise auch nicht unbedingt wahrheitsfähige Form des menschlichen Sprachgebrauches ansehen würde. Dagegen wären für Wittgenstein jene auf eine bestimmte Weise neu erzeugten Begriffe als verschiedene Aspekte ein und desselben sogenannten Sprachspieles (zum Beispiel der KI-Ethik) zu betrachten.[26] Besteht hier nicht die Gefahr, dass man die bereits angesprochene Sprache des Common Sense bewusst verlässt, um eine neue Privatsprache zu erfinden, die nur von Experten, in unserem Fall KI-Expertinnen und -experten, verstanden und gesprochen wird?

VINCENT C. MÜLLER: Zunächst mal, denke ich, muss man in diesem Kontext eine klassische philosophische Tugend im Auge behalten, nämlich Klarheit darüber, was man mit seinen Begriffen meint. Das muss man erklären. Und dementsprechend kann man dann deutlich sehen, ob wir zum Beispiel dasselbe meinen oder nicht. Und dann müssen wir unter uns überlegen: Ist unsere Differenz eine begriffliche Differenz oder eine Differenz über das, was in der Welt passiert? Und das ist schon mal sehr wichtig, wenn wir diesen Unterschied treffen können. Natürlich haben Begriffe eigentlich eine kommunikative Funktion. Es wäre also problematisch, wenn jeder sozusagen seinen eigenen Begriff hätte oder wenn die Überlappung unserer individuellen Begriffe zu klein wäre. Bei vielen Begriffen ist das auch der Fall, dass wir ziemlich grobe Begriffe haben, die so ungefähr ähnlich sind, und das geht schon irgendwie. Manchmal geht es auch schief. Also wenn man sich über Liebe oder ähnliche Sachen unterhält, die wichtig sind, aber wo die Begriffe furchtbar vage sind und verschiedene Extensionen haben. Wenn man Begriffsanalyse durch Begriffsengineering ersetzt – was ja, wie gesagt, eigentlich eine ziemlich alte Idee ist, die Simon Blackburn irgendwann wieder aufgebracht hat und die inzwischen relativ gängig ist –, dann heißt das nicht, dass man macht, was man will, sondern dass man das macht, was nützlich ist. Und darüber kann man sich natürlich unterhalten. Für welche Zwecke wird der Begriff des moralischen Akteurs zum Beispiel denn verwendet? Das ist doch eine wichtige Frage. Wofür brauchen wir das eigentlich? Es hat offenbar etwas mit Verantwortung zu tun. Aha! Und wofür brauchen wir das? Das sind, so scheint mir, die richtigen Fragen, die man stellen sollte, und nicht die Frage, wie wir den Begriff der Verantwortung eigentlich verwenden. Und da irgendwo eine Wahrheit zu suchen, eine scharfe Grenze, die in unserem Sprachgebrauch liegt (oder gar in einer platonischen Ideenwelt), scheint mir ziemlich hoffnungslos zu sein. Auch wenn wir also die Konsequenz ziehen, hier konstruktiv tätig zu werden, sehe ich keine Gefahr von Beliebigkeit und auch keine Gefahr der Zersplitterung in etliche Privatsprachen. Im Gegenteil: Wir brauchen eine Sprache, mit der wir über alle intelligenten Wesen sprechen können, ohne anzunehmen, dass sie Menschen wie wir sein müssen. Wir brauchen auch eine Sprache, die der tatsächlichen Komplexität von sozialem Geschlecht gerecht wird und nicht auf die Einfachheit biologischer Fortpflanzungsrollen reduziert ist.

MARTIN HÄHNEL: Das lässt mich noch auf ein verwandtes Thema oder zumindest ein anderes Beispiel Bezug nehmen, den Begriff der Person, ebenfalls ein »essentially contested concept«[27], das wir aufgeben, differenzieren oder neu erfinden können. Den Begriff kennen wir ja schon seit der Antike. Im Mittelalter hat Boethius die Person dann als individuelle Substanz rationaler Natur definiert[28] – die vielleicht allgemeinste Definition, die wir kennen. In der Neuzeit wurde der Personenbegriff vor allem durch John Locke geprägt, für den die Identität einer Person allein im Bewusstsein begründet liegt. Und heute? Heute wollen einige sogar schon Robotern Personenstatus zusprechen, auch um diesen Entitäten irgendwelche Rechte zu verleihen.[29] Was sagen Sie dazu? Tun wir dem Begriff damit nicht zu viel an, wenn wir ihn auch auf Bereiche erstrecken, die ihm eigentlich wesensfremd sind? Oder wird sich auch der Personenbegriff hier weiterentwickeln müssen und mit ihm die ethischen, rechtlichen und politischen Implikationen?

VINCENT C. MÜLLER: Dies ist ein schönes Beispiel, scheint mir, für die Fruchtbarkeit solcher Diskussionen. Man kann sich fragen, wofür brauchen wir denn diesen Begriff der »Person« eigentlich? Und wie schon gesagt, mir scheint, wir haben dazu herausgefunden, dass wir diesen Begriff im Wesentlichen für den Begriff der *Verantwortlichkeit* brauchen. Also wir brauchen unter anderem irgendetwas, was eine Kontinuität durch die Zeit hat und von dem man dann sagen kann, dass dieses Etwas für seine Handlungen in der Vergangenheit verantwortlich ist, und das nennt man dann eine Person. Und dann hat man bestimmte Bedingungen, unter denen ein Etwas diesen Begriff erfüllen kann. Also man sagt dann, es war nicht die Person, wenn sie zum Beispiel keine willentliche Kontrolle ausüben konnte oder wenn sie kein phänomenales Bewusstsein hat oder so. Darüber kann man sich dann genauer unterhalten, das ist eine bekannte riesige Diskussion. Und mir scheint, dass es auch ein schönes Beispiel dafür ist, wie man sehen kann, wenn man sich dann mit der KI beschäftigt oder anderen Bereichen, die über den rein menschlichen Fall hinausgehen, dass dann eben eine Schärfung des Begriffes erreicht werden kann. Also wie ich schon vorher ausgeführt hatte, bin ich der Meinung, dass die Beschäftigung mit der KI für die Philosophie insgesamt nützlich ist, weil sie uns von der Fokussierung auf den menschlichen Fall wegbringt. Eigentlich geht es uns darum, wenn wir »Person« sagen, dass sie, ein System irgendeiner Art, verantwortlich sein kann für ihre Handlung.

Wenn das ungefähr stimmt, dann geht es *nicht* darum, dass es sich dabei um einen Menschen handelt. Und das wird einem deutlicher, wenn man sich überlegt: Unter welchen Bedingungen würde ich denn über ein solches ganz anders geartetes System als mich sagen wollen, dass es eine Person ist? Scheinbar spielt zum Beispiel die Integrität dieser Person eine Rolle, also dass jemand dieselbe Person sein kann wie jemand, der vorher schon gelebt hat oder nachher noch existiert. Und das ist bei KI-Systemen ganz offensichtlich besonders schwierig. Man kann diese Identität eigentlich kaum in irgendeiner Weise festmachen. Also könnte man sagen: Aha, in diesem Sinne gibt es allein schon deswegen hier eigentlich keine Person, die da eine Rolle spielen könnte. Bei uns Menschen scheint also zum Beispiel die biologische Kontinuität eine wesentliche Rolle zu spielen, die Kontinuität des Körpers. In der klassischen Debatte, die ja auch über den menschlichen Fall hinausgeht, haben wir das schon gesehen. Diese geht nämlich über den menschlichen Fall insofern hinaus, als diskutiert wird, was nach dem Tode passieren könnte. Wenn wir mal davon ausgehen, dass ich nach dem Tode nicht in derselben physischen Art und Weise weiterlebe wie jetzt, sondern irgendwie anders als eine Seele oder dergleichen, dann muss man auch erklären, warum es *dieselbe* Seele ist wie die, die ich vorher schon hatte, warum das meine Seele ist. Und dann kommt Locke mit Erinnerungen oder anderen Geschichten, die versuchen, eine Kontinuität herzustellen. Also das Selbst, was ja ein bekanntes philosophisches Problem ist, spielt dann wieder eine entscheidende Rolle.

Mir scheint, dass man da sehr hübsch an nichtmenschlichen Systemen oder an den Rändern dieser Systeme auch die Ränder dieser Begriffe deutlich erkennen kann. Das haben wir in der Philosophie ja eigentlich immer schon gemacht. Wir haben uns eben nicht nur mit Menschen beschäftigt, sondern auch mit Seelen oder Engeln oder mit verschiedenen ungewöhnlichen Gedankenexperimenten überlegt, was eigentlich jetzt noch als Person zählt. Wenn jemand vollkommen betrunken ist oder sehr, sehr junge Menschen oder irgendwie so, was sind dann die Bedingungen? Also diese Ränder haben uns eigentlich immer schon interessiert. Nicht die banalen Fälle, die sozusagen unproblematisch sind.

Was ich mit der Diskussion um das »conceptual engineering« also meinte, ist, dass man sich damit abfinden muss, dass wir in gewissem Maße und in bestimmten Fällen an diesen Rändern selbst eine Schärfung vornehmen müssen. Die Ränder sind nicht schon an sich scharf, nicht in der natürlichen Sprache und auch bei natürlichen Arten nicht (das hatte ich schon in meiner Dissertation über »Realismus und Referenz« herausgefunden). Anstatt weiter zu suchen, müssen wir also eine Entscheidung treffen, was für uns wichtig ist, welche Ziele mit dem Begriff verfolgt werden, und diese Schärfung dementsprechend vornehmen. (Zum Beispiel hat schon Hume gemerkt, dass es beim »freien Willen« nicht auf die Abwesenheit von Kausalität ankommt, sondern auf die Abwesenheit von Kontrolle.) Ich persönlich würde da von paradigmatischen Fällen und von den relevanten begrifflichen Dimensionen ausgehen, wie man sie zum Beispiel in einem Netzdiagramm (*spider chart*) darstellen kann.[30] Das ist von »anything goes«[31] für Begriffe weit entfernt, und mit »anything goes« für Wahrheit hat es gar nichts zu tun.

MARTIN HÄHNEL: Ja, das ist wahrscheinlich auch sehr wichtig, wenn es um die Beantwortung juristischer Fragen geht. Wir wissen ja, dass man in der Rechtsprechung entweder von Sachen oder von Personen spricht. Personen haben Rechte und Sachen eben keine. Bei Tieren wird es schon schwierig, weil diese weder eine Sache noch eine Person im juristischen Sinne darstellen, sondern irgendwie dazwischen liegen. Natürlich kann man diesem Umstand gerecht werden, in dem man spezielle Tierschutzgesetze erlässt, was ja auch getan wird. Aber die philosophische Frage nach dem Personenstatus bleibt weiterhin ungeklärt. Vielleicht sind ja auch Tiere oder, jetzt kommen wir wieder zu unserem Thema, Roboter Personen?

VINCENT C. MÜLLER: Das ist, mit Verlaub, ein schönes Beispiel dafür, dass eben in einigen Bereichen außerhalb der Philosophie *concep-*

tual engineering schon seit ewigen Zeiten betrieben wird. Die Juristen zum Beispiel behaupten natürlich nicht, dass der Begriff der juristischen Person mit dem intuitiven Begriff der Person übereinstimmen würde, denn »juristische Person« beinhaltet auch Firmen oder Staaten. Wie kommt das? Die Juristen überlegen sich, was haben wir für gesellschaftliche Zwecke, die wir hier verfolgen – wir wollen zum Beispiel ein juristisches Subjekt, das man verklagen kann –, und dann basteln wir uns einen Begriff so, dass er diesen Zwecken gut entspricht. Und diese Möglichkeit zur finanziellen Haftbarkeit war eigentlich alles, was wir brauchen, denn juristisch ist Haftung nicht von Schuld abhängig. Und ob man jetzt eben zum Beispiel Robotern eine juristische Person zuordnen sollte, ist dann einfach eine Frage der Praktikabilität. Es wurde in der Europäischen Kommission vor ein paar Jahren ernsthaft vorgeschlagen, dass man das vielleicht gut machen könnte, weil es das Problem der Haftung für Roboter lösen würde – es gäbe dann ein Subjekt, das haftet. Aber das ist, glaube ich, im Wesentlichen deswegen gestorben, weil die Leute verstanden haben, dass wir dann meinen, dass die Roboter »Personen« in einem substanzielleren Sinne sind. Das ist natürlich ein Irrtum, aber die Leute haben das einfach so verstanden. Also ist das System, glaube ich, tot.

Das Problem der Roboterrechte hat einen ähnlichen Charakter. Man muss sich überlegen, was man damit meint. Und wenn man juristische Rechte meint, dann ist das eine völlig andere Diskussion, als wenn man Rechte in einem philosophischen Sinne meint. Es gibt, wie gesagt, juristische Systeme, in denen nicht lebende Wesen Rechte haben können. Das ist aber einfach nur eine Methode, mit der man irgendetwas gesellschaftlich Sinnvolles zu erreichen trachtet. Dann sagt man eben: Wir wollen den Fluss schützen, also beschließen wir »Der Fluss hat Rechte« und erlauben dem Staat, diese Rechte zu verteidigen. Gut, wenn dann das Ziel, nämlich den Fluss vor irgendwelchen Einflüssen zu schützen, auch tatsächlich erreicht wird, dann kann man das auch so machen. Man hat dadurch aber nichts Substanzielles darüber gesagt, ob der Fluss eigentlich eine Entität ist, die bestimmte metaphysische Eigenschaften hat. Ich bin daher der Meinung, dass man juristische Rechte von ethischen Rechten unterscheiden muss und dass die Diskussion über Roboterrechte, wenn überhaupt, nicht über Rechte, sondern eher über *moralischen Status* geführt werden sollte, und moralischer Status ist nicht bloß eine Frage, welche Attitude wir gern einnehmen wollen – ich habe ja deshalb zu argumentieren versucht, dass wir über Roboterrechte jetzt gar nicht reden sollten, aber damit bin ich offenbar krachend gescheitert.

MARTIN HÄHNEL: Ich hätte vielleicht noch eine ergänzende Bemerkung dazu. Es gibt ja in der Ethik die Auffassung, dass sich der Kreis moralisch zu berücksichtigender Entitäten immer mehr erweitert bzw. erweitern soll.[32] Das geht bekanntlich auf Peter Singer zurück, der gesagt hat, dass sich dieser Kreis, der ursprünglich nur Menschen umfasst hat, erst um Tiere als empfindungsfähige Wesen und dann – wie jüngst in einem Interview angedeutet – vielleicht sogar um Roboter erweitern lässt.[33] Ja, wieso nicht auch Roboter? Was halten Sie von dieser Idee der fortschreitenden moralischen Inklusion? Ist dieses Thema auch für die Philosophie und Ethik der KI interessant?

VINCENT C. MÜLLER: Ich habe dieses Interview nicht gesehen und ich hoffe, Singer hat das nicht in dieser Form gesagt. Ich selbst habe ja sozusagen offiziell Stellung bezogen und gesagt, dass ich es für einen Fehler halten würde, die gegenwärtigen oder absehbaren KI-Systeme in den Kreis der moralisch relevanten Systeme aufzunehmen, ihnen moralischen Status zuzuschreiben.[34] Auch wenn der Gedanke, den Kreis zu »erweitern«, charmant ist, bin mir ziemlich sicher, dass Singer nicht sagen würde, je weiter der Kreis, desto besser – also stellt sich immer noch die Frage, welche Erweiterung richtig oder doch zumindest besser ist. Ich sage, der Gedanke ist »charmant«, weil Singer natürlich recht hat, dass wir in dieser Hinsicht Fortschritte erzielt haben und dass der Fortschritt in die Richtung einer Erweiterung geht – wenn man mal übernatürliche Wesen wie Engel oder die Geister der Verstorbenen ausnimmt. Die Fortschritte sind aber gar nicht so dramatisch. Also *eigentlich* haben wir zunächst nur die furchtbaren chauvinistischen Ideen über Frauen aufgegeben und dann vielleicht auch noch die gegenüber Menschen, die eine andere Hautfarbe haben als wir selber. Es ist nicht klar, dass diese Ideen überhaupt von der Art waren (und sind), dass solche Menschen keinen moralischen Status haben, und es scheint mir eine Idee zu sein, die nie wirklich ernsthafte Chancen hatte. Und jetzt haben wir anerkannt, dass Tiere auch leiden können, was jeder, der mit Tieren mal zu tun hatte, schon vorher wusste. Vielleicht gehen wir jetzt differenzierter daran und gestehen Tieren auch Leid zu, das kognitive Fähigkeiten erfordert, wie Trauer um Angehörige oder Furcht vor Schmerz. Wir überdenken unsere Ausnutzung von Tieren und versuchen, uns Tieren gegenüber ihren Fähigkeiten entsprechend zu verhalten. All diese Zuschreibungen von moralischem Status haben sich in den westlichen Gesellschaften in den letzten 100 Jahren deutlich verändert, positiv verändert, das würde ich schon zugestehen. Aber etwas grundsätzlich Neues ist da, glaube ich, nicht passiert.

Die Aufnahme von nicht-biologischen Wesen in den Kreis der moralisch relevanten Systeme wäre eine radikale Veränderung und dafür müsste man schon sehr gute Gründe haben, würde ich sagen. Ich kenne keinen Philosophen, der/die das wirklich ernsthaft vertritt. Es gibt Leute, die das so ein bisschen vorsichtig andeuten. Ich glaube allerdings, die tun das vor allen Dingen deswegen, weil es für diese Diskussion einen Markt gibt. Eine Ausnahme ist die eher technische Diskussion um Formen von Bewusstsein, die bei KI-Systemen entstehen könnten und bei denen wir dann aus Vorsicht entsprechend handeln müssten – mir scheint, in dem Bereich tut sich etwas Interessantes, unter anderem erlaubt uns dieses Thema, die ziemlich freischwebenden Diskussionen um Bewusstsein auf den Boden zu holen …, was wieder einmal ein positiver Einfluss auf die Philosophie selbst wäre.

MARTIN HÄHNEL: Gehen wir nun zum nächsten Thema über, das sicherlich anwendungsnäher ist als Roboter und mit dem jeder von uns schon länger zu tun hat. Ich spreche vom Datenschutz. Da wäre eine erste Frage von mir: Wie gehen wir angesichts von KI momentan mit unseren Daten, vor allem mit unseren sensiblen Daten, das heißt Gesundheitsdaten und Forschungsdaten, um und wie sollten wir mithilfe von KI mit diesen Daten in Zukunft umgehen? Was haben Sie dazu für Vorstellungen?

VINCENT C. MÜLLER: Vielleicht kann ich hier mit einer biographischen Bemerkung anfangen. Ich war fast 25 Jahre außerhalb von

Deutschland, bin jetzt wieder seit anderthalb Jahren da und wundere mich über die extreme Sensibilität hierzulande, was den Datenschutz betrifft, die schon teilweise an Idiotie heranreicht. Ich hatte neulich eine Anfrage von einer Universität, ob es gestattet wäre, dass sie meinen Namen und eine kurze Funktionsbeschreibung in eine Liste relevanter Forscher zur KI-Ethik aufnehmen. Natürlich können sie das machen, diese Information war und ist ja öffentlich verfügbar. Das ist also überhaupt kein Problem, denn ich habe ja schon meine Einwilligung gegeben (und ohnehin besteht ein öffentliches Interesse, was schon reichen würde). Sie haben aber darauf bestanden, dass ich einen Brief – auf Papier! – unterschreibe und an sie zurückschicke, und ich habe mich geweigert, das zu tun, weil ich das einfach für völlige Zeitverschwendung halte. Die hatten tatsächlich von ihrer Rechtsabteilung die juristische Einschätzung, dass das notwendig sei, obwohl es sich, wie gesagt, um absolut leicht von jedem auffindbare Informationen handelt, die ich ja zudem noch mit Absicht ins Internet stelle. Ich will ja, dass die Leute wissen, dass ich da arbeite und ungefähr das mache. Also mir scheint, es ist ganz klar, dass man das auch übertreiben kann und dass dies in Deutschland auch geschieht. Es gibt insgesamt eine unglaubliche Rückständigkeit in Deutschland, was die digitale Verarbeitung von Daten angeht. Das ist wirklich tragisch. Muss man die Gesundheitsdaten wirklich physisch von einer Ärztin zur anderen tragen? Nach einer Behandlung bekommt man einen Brief, ausgedruckt und unterschrieben, den man in die Hand nimmt und ihn zum nächsten Arzt bringt, so wie man das etwa im Jahre 1890 gemacht hat. Und wenn ich wieder in eine Klinik gehe, wissen die erstmal nichts über mich. Das ist unglaublich. Ich muss auch meine Dienstreiseanträge auf Papier machen. (Was soll das überhaupt heißen, »Dienstreise«, wenn ich irgendwo einen Vortrag halte?) Da wird mir ganz schwindelig, wenn ich daran denke, dass ich diese Anträge ausdrucke und Daten eintrage, sodass jemand anderes dieselben Daten wieder in ein anderes Computersystem eintippt. Wer bezahlt den Unsinn? Das kann doch wohl nicht wahr sein! Wie dem auch sei, ich beende die Tirade dazu hier mal.

Natürlich ist der Schutz persönlicher Daten, also Daten über eine Person, die diese persönlich identifizierbar machen, ein wichtiges

Gut. Völlig klar. Natürlich befindet sich dieser Schutz unter erheblichem Druck durch die Informationstechnologie, das ist auch völlig klar. Es ist einfach immer so, dass Rechte durch technische Entwicklungen ganz erheblich beeinflusst werden können, einfach weil es sehr viel leichter dadurch wird, bestimmte Rechte zu verletzen. Also nehmen Sie einmal das Recht auf das eigene Bild. Wenn ein Fotograf jemand ist, der mit einem Stativ und einem riesigen Apparat kommt und minutenlang für eine Aufnahme braucht, dann ist das relativ leicht durchzusetzen. Wenn aber jeder einen Fotoapparat in der Tasche hat und ein Foto sofort publizieren kann, so wie das heute ist, dann ist das unmöglich durchzusetzen. Also solche Sachen verändern sich durch die technische Entwicklung. Und dann gibt es auch gesellschaftliche Veränderungen, die sich durch solche technischen Entwicklungen ergeben, zum Beispiel sind die Leute heutzutage sehr viel entspannter bezüglich dessen, dass ihr Bild irgendwo auftaucht.

Also Datenschutz ist sicher wichtig. Was beim Datenschutz aber wichtig ist, das wird, glaube ich, gerne übersehen. Das ist nämlich die Frage der Macht. Datenschutz ist eine Machtfrage. Wenn jemand Daten über mich hat, hat er oder sie, bzw. in der Regel eine bestimmte Institution, eine gewisse Macht über mich. Und diese Macht kann missbraucht werden, sie kann zu Manipulationszwecken verwendet werden und sie kann natürlich auch zu ökonomischen Zwecken verwendet werden. Und dazu sollte ich natürlich eigentlich meine Zustimmung geben, wenn das denn der Fall ist. Das sind also Probleme, die, glaube ich, im Rahmen der Informationstechnologie in den letzten Jahrzehnten enorm gewachsen sind und die mit den Technologien der KI schwieriger werden, weil man mehr Daten sammeln und mehr Daten analysieren kann. Man kann jetzt also nicht nur das Foto speichern, sondern man kann auch herausfinden, dass Vincent Müller oder Luise Meier auf diesem Foto sind. Und dann kann man sich natürlich auch fragen: Warum ist Vincent mit Luise auf diesem Foto? Ja, und da wird es dann interessant, wenn man sagt, dass dies *meine* persönlichen Daten sind, die eigentlich niemanden etwas angehen. Mir scheint, dass man darauf politisch reagieren muss, vor allem mit der Überlegung, welche politischen Ziele wir verfolgen. Das ist nicht so ganz einfach, und gegenwärtig gibt es in Deutschland eindeutig eine Tendenz hin zu einer Behinderung des gesellschaftlichen und technischen Fortschritts.

Es gibt eine Tendenz in anderen Gegenden der Welt, wo das massiv anders ist, zum Beispiel in China. Jeder dort geht davon aus, dass im Wesentlichen alle Daten dem Staat zugänglich sind und dass das gut so ist, weil der Staat damit für seine Einwohner sorgt und dafür sorgt, dass Sicherheit und Ordnung aufrechterhalten werden. Die diametral entgegengesetzte Auffassung in den USA oder anderen Weltgegenden ist, dass Datenschutz im Wesentlichen eine Frage der persönlichen Freiheit ist. Und solange nicht irgendein massives staatliches Interesse besteht, greift man da nicht ein. Und wenn mit persönlichen Daten auch Geschäfte gemacht werden, wird das als »gut« aufgefasst, denn das ist doch Kapitalismus. Demgegenüber ist der Sozialismus für die Amerikaner gleichbedeutend mit Unfreiheit. Es ist also ein soziologisches Faktum, dass die Herangehensweise an das Problem des Datenschutzes sehr unterschiedlich ist. Auch ist nicht ganz klar, wie sich diese Herangehensweise zu der Herangehensweise in einer *nicht-digitalen* Welt verhält. In einem Dorf wissen die Leute sehr viel mehr über mich als in einer Großstadt. Und vielleicht finde ich das ja auch gut so oder vielleicht finde ich es ganz furchtbar. Es ist hier wirklich sehr schwer, die richtige Balance zu finden.

Aber was vor allem wichtig ist, ist, politisch diese Machtstruktur zu kontrollieren. Das scheint mir wirklich ganz, ganz entscheidend zu sein.

MARTIN HÄHNEL: Was halten Sie von Bestrebungen, nach technischen Lösungen zu suchen, um dem Datenschutz und den damit oft verbundenen hohen ethischen Ansprüchen Rechnung zu tragen? Zum Beispiel werden gerade neue Modelle wie verteiltes maschinelles Lernen entwickelt, gefördert und erprobt, wobei die Daten fortan nicht mehr auf einem zentralen Server gespeichert werden, sondern auf den Endgeräten »verweilen«.[35] Kann man diese Entwicklung optimistisch betrachten oder entstehen da auch wieder neue Probleme? Was halten Sie von solchen technologischen Lösungen zur Sicherung des Datenschutzes?

VINCENT C. MÜLLER: Natürlich muss man auch technische Mittel zum Einsatz bringen, um den Datenschutz zu gewährleisten. Und das wird ja auch getan. Das ist ein riesiger Forschungsbereich mit sehr vielen verschiedenen Methoden, und ich bin da kein Experte. Aber es gilt schon das Prinzip, dass man so wenige Daten wie möglich für so kurz wie möglich hat. Dieses Prinzip lässt sich auch für ganz viele Zwecke sehr nützlich einsetzen, weil man ja ganz oft eigentlich gar nicht wissen will, was zum Beispiel eine bestimmte individuelle Person tut oder lässt, sondern man möchte irgendein allgemeines Faktum über die Entwicklung einer Krankheit herausfinden. Es interessiert gar nicht besonders, was ich gemacht habe und was mit mir passiert ist, sondern eben, was mit vielen Individuen bspw. im Durchschnitt passiert ist. Wenn man nur diese Daten verwendet, nur, was »aggregierte Daten« genannt wird, dann hat man also ein System, mit dem man nicht mehr herausfinden kann, was ein Individuum gemacht hat. Eine Möglichkeit hierbei ist die *differential privacy*, also Systeme, bei denen man bereits bei der Erhebung der Daten einen gewissen Zufallsfaktor einbaut, der es beweisbar unmöglich macht, persönliche Daten aus diesem Datensatz herauszufischen. Die Beweisbarkeit ist natürlich in diesem Bereich von großer Wichtigkeit, denn es gibt ja eine ganze Menge Methoden, mit denen man versuchen kann, den Zugang zu persönlichen Daten zu erschweren, ohne dass beweisbar kein Zugang mehr möglich ist. Typisch ist hier die sogenannte »Anonymisierung«. Aber es ist bekannt, dass eine Anonymisierung häufig auch wieder aufgebrochen werden kann, wenn man über ausreichend *andere* Informationen verfügt. Also mir scheint, dass diese technischen Methoden von großer Wichtigkeit sind und auch einfach inzwischen zum Standard gehören.

Ich arbeite relativ viel mit Leuten zusammen, die medizinische Daten verarbeiten, und da ist völlig klar, dass diese Leute Systeme einsetzen, mit denen sie sicherstellen, dass die Forscher ausschließlich auf die Daten Zugriff haben, die sie auch wirklich brauchen. Und das sind eben in aller Regel *nicht* Daten, die Einzelpersonen identifizierbar machen. Denn die sind für die medizinische Forschung in der Regel irrelevant. Diese Methode wird übrigens auch in anderen Ländern in ganz großem Stil angewandt. In Großbritannien hatten wir in Leeds einen Zugang zu den Gesundheitsdaten des National Health Service (NHS). Das System des NHS enthält über jeden Einwohner Großbritanniens persönliche Daten, insbesondere Gesundheitsdaten. Und da gab es ein sehr kompliziertes System, wie man darauf zugreifen konnte. Bestimmte Dinge durfte man nur in besonderen Räumen mit bestimmten Rechnern machen und dort durfte man nur Papier und Bleistift mitnehmen, konnte also keine Daten herunterladen. Das war alles sehr genau organisiert, was ja auch gut so ist, denn es handelte sich im Grunde genommen um Daten von allen Einwohnern des Landes. Davon sind wir in Deutschland Lichtjahre entfernt.

Sie können sich vorstellen, was das für ein Schatz für jemanden ist, der oder die sich mit Epidemiologie beschäftigt. Wenn man eine wirklich große Anzahl von Leuten in solch einem Datensatz hat und in den Daten nach statistischen Korrelationen suchen oder auch Hypothesen aufstellen und prüfen kann; zum Beispiel, wo man eingreifen müsste, um dafür zu sorgen, dass die Menschen weniger Leberkarzinome haben: Da kann man ja wirklich massiv Menschenleben retten. Das ist keine theoretische Frage.

MARTIN HÄHNEL: Also das ist auch ein spannender Punkt, den man auf alle Fälle noch vertiefen könnte. Darf ich mal versuchen, das Gesagte zusammenzufassen? Es gibt derzeit sozusagen und ganz grob gesprochen drei grundlegende gesellschaftspolitische Umgangsweisen mit künstlicher Intelligenz. Auf der einen Seite haben wir Europa, vor allem Kontinentaleuropa, in dem es einen großen Regulierungsdruck im Hinblick auf KI gibt. Wir sprechen dabei auch sehr häufig von *trustworthy AI* und anderen solchen Geschichten. Gerade in Deutschland scheint der Datenschutz ein sehr, sehr hochrangiges Gut zu sein, während in den USA, das ist das zweite Paradigma, der Datenschutz und die Regulierungen nicht so relevant sind, weil hier die Realisierung von persönlicher und politischer Freiheit an erster Stelle steht. Dieser Umstand hat vor allem historische Wurzeln. Und natürlich hat man in den USA auch stärkeres Interesse an dem Versuch, mithilfe von KI Skalierungseffekte zu erzielen. Man hat hier also starke ökonomische Interessen, vielleicht noch stärkere ökonomische Interessen als in Europa. Ich weiß es nicht. Vielleicht ändert sich das gerade. Und das dritte Paradigma, das hatten Sie ja auch schon angesprochen, ist China, wo man solche Systeme gerne einsetzt zur Kontrolle und Überwachung der eigenen Bevölkerung. Wir scheinen also drei verschiedene und grundlegende Weisen des (vor allem politischen) Umgangs mit Datenschutz und der KI-Technologie zu haben. Was würden Sie nun sagen, lassen sich die drei Paradigmen vereinen bzw. lässt sich das Beste aus jeder Welt für eine einheitliche Strategie irgendwie nutzbar machen? Für welche Schwerpunktsetzung plädieren Sie? Welches Paradigma würden Sie eventuell noch stärken? Welchen eigenen Beitrag leisten Sie mir Ihrer Arbeit dazu?

VINCENT C. MÜLLER: Ich würde zunächst einmal sagen, wir sollten die Frage des Datenschutzes von der Frage der Ethik der KI trennen. Also im Bereich der Ethik des Datenschutzes oder der Privacy gibt es sicherlich verschiedene Traditionen. Ich würde davon ausgehen, dass es da einen Bereich von richtigen Antworten gibt, nämlich so, dass man gesellschaftlich zwischen individueller Freiheit, staatlichen Eingriffen und wirtschaftlicher Freiheit die richtige Balance findet. Also ich glaube zum Beispiel, dass die Auffassung, die in China vorherrscht, sozusagen falsch ist. Sie schränkt die individuelle Freiheit zu stark ein und ein Individuum kann sich daraus nicht befreien – allerdings kann sich ein Individuum auch nicht von der kapitalistischen Verwendung seiner/ihrer Daten befreien und auch nicht von der übermäßigen Einschränkung.

Was die Ethik in der KI angeht, gibt es eine interessante internationale Entwicklung, nämlich die, dass die Kollegen in Asien und die Kollegen in Nordamerika sehr betonen, dass sie *nicht* eine andere KI-Ethik oder die Abwesenheit der KI-Ethik fordern. Und auch die staatlichen Stellen dort betonen das. Das heißt, es gibt eigentlich eine ziemlich starke Bewegung in Richtung internationaler weltweiter KI-Ethik und Regulierung, weil eigentlich allen klar ist, dass es völlig sinnlos wäre, eine Regulierung in irgendeinem Dorf zu machen. Und wir sollten uns in Europa langsam darüber klar werden, dass wir bei dieser Entwicklung nicht im Zentrum stehen, sondern eher am Rand, so wie, sagen wir mal, Südamerika oder so. Die Musik spielt in Nordamerika und auch in Asien, aber nicht hier. Allerdings sind wir Europäer natürlich immer noch an den technischen und politischen Entwicklungen erheblich beteiligt und wir haben auch einen regulatorischen Vorsprung. Das ist ja auch die Idee der Europäischen Kommission: Sie haben gesagt, wir haben mit der *General Data Protection Regulation* (GDPR/DSGVO) in Europa einen internationalen Erfolg erzielt, nämlich einen Paradigmenwechsel im Datenschutz geschaffen, der sich über ganz weite Bereiche ausgedehnt hat. Das machen wir jetzt noch mal mit der KI und haben deshalb eine ganze Reihe von verschiedenen Gesetzesvorhaben auf den Weg gebracht, die zum Teil auch schon abgeschlossen sind. Jetzt gegenwärtig geht es um den *AI Act*, der sehr nahe vor der Vollendung steht. Die Europäische Union vertritt ganz eindeutig die Auffassung, dass wir als Europäer eine Vorreiterrolle einnehmen sollten und dass so eine Vorreiterrolle ökonomisch vorteilhaft wäre, weil wir sagen können, das ist *trustworthy AI*, dieser KI kann man also trauen, wenn sie aus der richtigen Quelle kommt. Das ist dann auch eindeutig ein Vorteil in einer Marktwirtschaft, wenn man sagen kann: »Mein Produkt ist vertrauenswürdig«.

MARTIN HÄHNEL: Ich denke auch, dass es ganz gut ist, dass Sie so eine Perspektive eröffnen, bei der man eben diese Zugänge oder das Beste aus ihnen irgendwie vereinen kann oder zumindest eine gute Balance dazwischen finden könnte. Das ist natürlich auch für alle KI-Stakeholder eine wichtige Sache.

VINCENT C. MÜLLER: Es gibt sozusagen liberalistische, direktivistische und demokratische Auffassungen zu diesem Thema und wir versuchen, demokratische Auffassungen irgendwie in die richtige Richtung zu leiten.

Ich glaube, was den Datenschutz betrifft, sind wir einfach gesellschaftlich weiter als in anderen Bereichen. Das Problem des Datenschutzes ist eben schon einige Jahrzehnte alt. Wir betreiben ja Datenverarbeitung im größeren Stil eben schon seit den 60er Jahren. Deswegen haben wir uns mit diesem Problem schon länger gesellschaftlich beschäftigt und bereits einen Punkt erreicht, an dem wir unsere Vorstellungen in Gesetze und andere Normen gefasst haben. In vielen anderen Bereichen ist das eben noch nicht der Fall, obwohl wir natürlich auch diese Gesetzgebung gelegentlich an die neuen Gegebenheiten anpassen müssen. Es gibt zum Beispiel neue Gesetzgebungen in der Europäischen Union, die sich mit Digitalen

Diensten im Internet beschäftigen, was vorher einfach kein Problem war, weil es diese de facto nicht gab, und insofern wird man das immer weiter anpassen müssen, woran ja die EU auch fieberhaft arbeitet, über den *AI Act* hinaus zum Beispiel mit dem *Digital Services Act* (2022), *Digital Markets Act* (2022), und *Data Act* (2023).

Aber tatsächlich ist die Lage ziemlich anders als in anderen Bereichen. Der Bereich ist von großer gesellschaftlicher Bedeutung, auch weil die KI wesentliche Veränderungen erzeugt hat und erzeugen wird, weil man mit KI die Daten, die vorhanden sind, einfach sehr viel besser analysieren kann. Und man kann auch sehr viel besser interessante Daten erzeugen und kann also dementsprechend sehr viel mehr damit machen.

MARTIN HÄHNEL: Ich finde interessant, dass es jetzt auch im juristischen Bereich einen Ansatz gibt, der den Normenbildungsprozess an die technologische Entwicklung anpasst und nicht umgekehrt. In der Ethik gibt es das ja schon etwas länger und wird *ethics-by-design* genannt. Die Juristen reden jetzt analog dazu von *law-by-design*.

Also auf dem Gebiet findet viel, viel Entwicklung statt und man darf gespannt sein, wie sich das dann in Zukunft noch konkreter ausgestalten lässt. Erlauben Sie mir, dass ich jetzt zu einem anderen genuin ethischen Thema überleite? Das ist eben die Frage nach den Entscheidungen. Wir beschäftigen uns in der Philosophie und Ethik ja schon lange mit der Frage, wie richtige Entscheidungen oder sagen wir besser: ethische Entscheidungen getroffen werden können. Natürlich ist das auch schon ohne KI eine komplizierte Frage, aber mit Hilfe von KI sicherlich noch komplizierter, weil im Grunde genommen eine neue Instanz, sozusagen eine neue epistemische Autorität, die Bühne der Entscheidungen betritt. Das ist höchst interessant, meine ich. Und dann kennen wir natürlich auch einige Versuche und Beispiele aus der Medizin, wo KI-Systeme Ärztinnen und Ärzten durchaus dabei helfen können, gute oder bessere Entscheidungen zu treffen. Es würde mich interessieren, wie Sie dieses Entscheidungsverhalten, zum Beispiel in der eben genannten Konstellation, das heißt mit verschiedenen Akteuren, die über epistemische Autorität verfügen, bewerten. Wie bewerten Sie das Verhältnis zwischen konfligierenden Autoritäten? Wie würden

Sie es unter ethischen Gesichtspunkten bewerten? Und welche falschen Hoffnungen werden mit dem Einsatz von KI zur Entscheidungsfindung verbunden? Welche Gefahren liegen auch darin, Stichwort *automation bias* und dergleichen?

VINCENT C. MÜLLER: Zunächst sollte ich vielleicht eine Anmerkung machen zu meinen einleitenden Ausführungen zu dem, was KI sein kann. Die prinzipielle Fähigkeit, Entscheidungen zu fällen, impliziert natürlich nicht eine wirkliche Kompetenz, tatsächlich viele komplexe Entscheidungen treffen zu können. Und es ist im Moment ganz eindeutig, dass die KI, die wir gegenwärtig haben und in absehbarer Zukunft haben werden, in ganz vielen Bereichen weiterhin vollkommen inkompetent ist. Das ist leicht zu übersehen, weil wir natürlich ganz viele Probleme bereits in computerisierter Form servieren, also in einer Form, die bereits digital ist und von einem Computer sehr leicht verarbeitet werden kann. Aber wenn man sich damit beschäftigt, ein Problem im wirklichen Leben zu lösen, also zum Beispiel eine Sauce Hollandaise zuzubereiten, dann stoßen wir hier schnell an Grenzen. Das ist etwas, wovon ein Computer nicht die leiseste Ahnung hat, obwohl er natürlich jederzeit ein Rezept dazu erfinden könnte. Was gibt es da für ethische Schwierigkeiten?

Die Hauptschwierigkeit, die in diesem Bereich auftaucht, ist die Schwierigkeit der Verantwortung. Normalerweise haben wir ein System, in dem wir gesellschaftlich organisiert Entscheidungen verteilen. Bestimmte Leute treffen bestimmte Entscheidungen und sind dann für diese Entscheidungen in gewissem Maße verantwortlich. Manchmal ist das relativ komplex, da sind dann andere, noch andere Leute beteiligt und manchmal gibt es Befehlsstrukturen oder andere Strukturen. Aber jedenfalls haben wir ein System, in dem die Fähigkeit, die Entscheidung zu fällen, und die Verantwortung für die Entscheidung, die dann gefallen ist, irgendwie zusammenhängen. Und wenn jemand eine Entscheidung trifft, die falsch ist oder negative Konsequenzen hat, dann können wir versuchen, diese Person dafür verantwortlich zu machen.

Und zwar, wenn man das juristisch betrachtet, einerseits im Sinne einer Haftung, das heißt also einer finanziellen Verantwortlichkeit, oder auch im Sinne einer moralischen Verantwortlichkeit.

Und diese moralische Verantwortung für die eigene Handlung kann wiederum auch juristische Folgen haben. Wenn ich beispielsweise jemandem etwas sage, was diese Person verletzt, dann wird das in aller Regel nur moralisch bewertet werden. Wenn ich sie aber tatsächlich explizit beleidige, dann könnte das auch juristische Folgen haben. Und in jedem Fall ist klar: Es gibt eine Person, nämlich mich, die die Entscheidung getroffen hat und die diese Verantwortung trägt.

Wenn wir jetzt bei komplexen Systemen sind, dann haben wir oft eine etwas komplexere Verteilung dieser Verantwortung. Manchmal kommt Verantwortung auch auf juristische Personen zu, die keine natürlichen Personen sind. Eine Firma kann zum Beispiel für ihre Produkte verantwortlich sein, aber eben nur im Sinne einer Haftung. Man kann eine Firma finanziell haftbar machen, aber man kann sie nicht ins Gefängnis stecken. Und diese Schwierigkeit ist natürlich erheblich bei KI-Systemen, denn man kann ein KI-System an sich *weder* ins Gefängnis stecken *noch* finanziell haftbar machen. Also hat man jetzt plötzlich in einer Gesellschaft ein Phänomen, wo Systeme Entscheidungen fällen, aber die Verantwortung für die Entscheidung nicht bei diesen Systemen liegt. Das ist etwas Neues und wir wissen noch nicht so richtig, wie wir damit umgehen sollen.

Wir versuchen natürlich, diese Entscheidung oder die Verantwortung für diese Entscheidung irgendwie zuzuweisen. Also zum Beispiel gibt es, glaube ich, eine gewisse Einigkeit, dass die Verantwortung für Entscheidungen autonomer Autos bei den Herstellern dieser Autos liegen wird, weil sie die einzigen sind, die wirklich einen Einfluss darauf gehabt haben. Die Verantwortung liegt nicht bei der Fahrerin oder dem Fahrer des Autos, weil diese ja die Entscheidung über das Verhalten des Autos, das legt die Definition von »autonomem Auto« nahe, nicht gefällt haben. Es wird aber natürlich immer komplizierter, je wichtiger diese Entscheidungen werden und je komplizierter die Beteiligung der Maschine an der Entscheidung sein wird. Wie schon erwähnt, gab es vor nicht so langer Zeit in den Niederlanden einen Skandal, wo ein maschinelles System beschlossen hatte, dass eine ganze Reihe von Sozialhilfeempfängern eigentlich auf betrügerische Weise Sozialhilfe empfangen hätten und sie diese eigentlich nicht hätten bekommen dürfen.

Und diese Leute wurden dann von der Sozialhilfe ausgeschlossen und mussten beweisen, dass sie ihre Angaben nicht betrügerisch gemacht hatten. Sie können sich vorstellen, dass das für jemanden, der auf Sozialhilfe angewiesen ist, eine Katastrophe darstellt, weil diese Leute ja per Definition eben nicht irgendwie Geld im Rücken haben, mit dem sie noch ein paar Monate überleben können. Und es stellt auch eine Katastrophe dar, wenn man die Beweislast umkehrt und sagt: »Du musst zeigen, dass das nicht stimmt«. Dieses Problem hat so weite Kreise gezogen, dass schließlich 2021 die Regierung Rutte zurückgetreten ist, die dieses System in Umlauf gebracht hatte. Also ist es offensichtlich so, dass wir eher geneigt sind, die Entscheidung so zu strukturieren, dass wir die Verantwortung doch wieder auf Menschen zurückführen können. Da gibt es so eine Reihe von Ansatzpunkten.

So eine grobe Organisation ist das, was man auf Englisch »*human in the loop*« nennt. Das bedeutet, dass in der Entscheidungsfindungsprozedur irgendwo ein Mensch eingebaut ist und der derjenige ist, der am Ende sagt: »Das System hat gesagt, dass das, was man auf dem Röntgenbild sieht, kein Krebs ist. *Ich stimme dem zu.* Es ist kein Krebs«. Und das ist die Diagnose, die jetzt rausgeht. Es gibt andere Systeme, die man »*human on the loop*« nennt. Das bedeutet, dass das System im Prinzip eigenständig Entscheidungen trifft, aber ein Mensch diese Entscheidung beobachten und eingreifen kann, wenn er oder sie das will. Das ist natürlich, was die Verantwortung angeht, schwieriger, weil man dazu neigt, dann nicht einzugreifen. Es ist aber so, dass es eine ganze Reihe von Entscheidungsprozessen gibt, in denen ein *human in the loop* die Sache extrem erschweren und vor allen Dingen sehr viel langsamer machen würde. Und manchmal ist das akzeptabel und manchmal eben nicht. Und deswegen neigt man dazu, dann zu sagen: Okay, das ist zwar für die Verantwortungszuweisung nicht optimal, es ist aber besser, wenn man diese Entscheidung eben zum Beispiel massenweise relativ schnell durchführen kann. Aber welche Probleme in diesem Bereich noch auftreten können, ist, glaube ich, einfach noch nicht klar, weil wir noch nicht wissen, wo diese Systeme eingesetzt werden und was das für Konsequenzen haben wird. Aber es ist bereits klar, dass es da auch wirklich um radikale Entscheidungen über Leben und Tod geht.

MARTIN HÄHNEL: Und was würden Sie zur Idee sagen, dass durch den Einsatz von KI-Systemen Verantwortungslücken entstehen können? Das ist ja auch eine bekannte Diskussion. Wenn wir Verantwortung immer Menschen zuweisen können und sollen, dann dürfte es diese Lücke eigentlich gar nicht geben, weil es ja immer einen verantwortlichen Menschen gibt. Aber vielleicht finden wir ihn nicht, weil der Weg dahin schwierig ist oder verbaut oder dergleichen. Wie würden Sie dieses Problem angehen?

VINCENT C. MÜLLER: Also ich habe darüber ein bisschen geschrieben und ich bin der Meinung, dass diese Idee der Verantwortungslücke irreführend ist. Es gibt keine Verantwortungslücken.[36] Wir versuchen gelegentlich, solche Systeme so einzusetzen, dass wir uns gewissermaßen aus der Verantwortung stehlen können. Aber eigentlich bleibt die Verantwortung weiter bei uns oder mir. Also wenn ich ihnen, so wie angeblich Kleopatra, eine Kiste schicke mit einer Giftschlange drin und diese Giftschlange Sie dann beißt und tötet, kann ich hinterher nicht sagen: »Oh, tut mir leid, ich habe ja nichts gemacht, es war ja die Giftschlange«. Es ist also keine Verantwortungslücke entstanden. Denn natürlich würde man sagen, *Du* hast eine Giftschlange da hingeschickt und *Du* wusstest, dass es eine Giftschlange war usw. Und wenn *Ich* es nicht wusste, hätte *Ich* es wissen müssen. Es trifft also genau auf dieselben Phänomene zu, wie wenn ich jemanden mit einer anderen Methode ›um die Ecke gebracht‹ hätte. Also würde ich sagen, dass wir das nicht so weit treiben und vor allen Dingen nicht erlauben sollten, damit Leute sich nicht mithilfe solcher Systeme aus der Verantwortung stehlen. Ja, es gibt natürlich Phänomene in der Gesellschaft, wo man sagen muss, dass die Beteiligten alles getan haben, was notwendig war, und trotzdem ging es schief. Das ist aber nichts Neues, das haben wir auch jetzt schon. Und wir haben dafür in wohlorganisierten Gesellschaften Regeln, wo man eben sagen kann, also, die Ingenieure, die die Brücke gebaut haben, haben alles richtig gemacht. Den Regeln zufolge haben sie alles genau so bedacht, wie es ging, und die Bauarbeiter haben die Brücke richtig gebaut etc. Und sie hätte nicht zusammenbrechen dürfen, ist aber doch zusammengebrochen. Das soll nicht vorkommen, kann aber eben doch mal vorkommen. So, und dann muss man sich überlegen, wer ist jetzt verantwortlich und haftbar? Und in der Regel hat man dann irgendwelche Systeme, wo eben ganz allgemein die Gesellschaft oder auch der Staat gewissermaßen haftbar gemacht werden, und man sagt: »OK, wenn tatsächlich alle ihre Pflichten vollständig erfüllt haben, kann man ihnen keinen Vorwurf machen«. Also müssen wir ein anderes System finden, das das dann ausgleicht, weil natürlich die armen Menschen, die zufällig zum falschen Zeitpunkt auf der Brücke waren, nicht diejenigen sein sollten, die dieses Schicksal so hart trifft. Das hängt mit dem Begriff der *force majeure* zusammen, also einer übergeordneten Kraft. Manchmal geht etwas schief, sozusagen, und das scheint mir, ist nichts Neues. Ich habe ohnehin den Eindruck, dass es in der KI-Ethik so ein bisschen eine Tendenz gibt, sehr viel Neues zu sehen, wo es so viel Neues gar nicht gibt. Es gibt eine ganze Menge interessanter juristischer Regelungen und auch moralischer Vorstellungen, die sich eigentlich ganz gut auf die Lage mit neuen, komplexeren Systemen anwenden lassen – und mit denen sollten wir jedenfalls beginnen (bevor wir neue Probleme postulieren).

MARTIN HÄHNEL: Was auch spannend ist an der aktuellen ethischen, rechtlichen und politischen Diskussion ist ja die Frage nach dem Vertrauen, das man der künstlichen Intelligenz entgegenbringen kann oder sollte. Warum ist das aus Ihrer Sicht eigentlich wichtig? Mich beschleicht manchmal der Eindruck, dass nicht ganz klar ist, was hier Vertrauen oder Vertrauenswürdigkeit meint. Da würde ich gerne mal von Ihnen erfahren, wie Sie den Begriff differenzieren. Kann man tatsächlich Vertrauen in eine KI haben oder nur in ihre Entwickler oder in die von den Produkten überzeugten Anwender? Ist die öffentlich-politische Rede von »mehr Vertrauen in KI« reine Akzeptanzbeschaffung (ein Begriff, der aus der deutschen Bioethikdebatte stammt)?[37] Das kennen Sie ja alles. Welchen Vertrauensbegriff sollte denn eine KI-Ethik explizieren oder spezifizieren?

VINCENT C. MÜLLER: Mir scheint, das ist ein ganz gutes Beispiel für das Phänomen, das ich gerade genannt habe, dass man eigentlich das Rad nicht neu erfinden muss. Wir haben schon hochkomplexe technische Systeme, denen wir vertrauen. Ich gehe davon aus, dass das Auto fährt, wie es ungefähr fahren muss. Und wenn ich auf das richtige Pedal drücke, dass es dann bremst. Weiß ich, wie das funktioniert? Nicht wirklich. Ich muss das auch eigentlich nicht wissen. Ich muss aber darauf vertrauen können, dass das so funktionieren wird. Zumindest fast immer. Dafür haben wir Systeme entwickelt und da gibt es natürlich auch wirtschaftliche Interessen. Wenn sich nämlich herausstellt, dass Autos einer bestimmten Firma mit einer relevanten statistischen Häufigkeit nicht bremsen, wenn man auf das Bremspedal drückt, dann wird sich das auf die Profite dieser Firma sehr negativ auswirken. Das Vertrauen in andere Menschen und das Vertrauen in technische Systeme ist ein ganz gewöhnliches Phänomen unseres Alltags. Es ist wirklich erstaunlich, wie viel Vertrauen wir Menschen in unserem täglichen Leben entgegenbringen, dass sie sich im Wesentlichen so verhalten, wie wir das auch tun würden.

Diese Idee der vertrauenswürdigen KI spielt auch eine Rolle, weil sie ein Slogan ist, der sich irgendwie bewährt hat im Gegensatz zu einer liberalistischen Wild-West-Technologie. Ich glaube, dass das ganz wesentlich mit der Erfahrung der Informationstechnologie in den letzten 20 Jahren zu tun hat. Da haben wir eben gesehen, was passiert, wenn sich eine monopolkapitalistische Entwicklung abspielt, die erstmal gesellschaftliche Ziele nicht besonders beachtet, sondern reine Profitmaximierung betreibt. Dadurch wurde der Datenschutz völlig erodiert und diverse andere Schwierigkeiten haben sich ergeben. Wir wollen das nicht noch einmal. Wir glauben ja auch, dass die KI eigentlich sehr viel mächtigere Systeme erzeugen wird, die also noch viel größere Probleme produzieren können, als es die gewöhnlichen Suchmaschinen, PC-Betriebssysteme oder dergleichen tun können. Also denken wir, wir müssten bei der Erstellung, also während des Designs der Systeme, irgendwie einbauen, dass die gesellschaftlich positiv konstruiert werden. So wurden nach einigen Überlegungen verschiedene Vorschläge entwickelt, zum Beispiel *humane AI, trusted AI* und anderes. Dann fiel auf, dass man ja auch Systemen trauen kann, denen man nicht trauen *sollte*, und da hat man dann »trustworthy AI« gefunden. Man brauchte also einen Slogan, der diesen Gedanken einigermaßen auf den Punkt bringt. Der Ausdruck »trustworthy AI« ist ganz explizit von der Europäischen Kommission als ein Marketinglabel erfunden worden, um europäische KI von anderer KI zu unterscheiden. Die europäische KI hinkt ja im weltweiten Vergleich massiv hinterher, was auch ein Problem für die europäische Wirtschaft ist. Also hat sich die Kommission überlegt, wir müssen irgendetwas anderes machen, wo wir dann nicht so hinterher sind. Und eine Idee war eben: Wir machen *trustworthy AI*. Dann sind eben unsere KI-Systeme so vertrauenswürdig wie die europäischen Ingenieursprodukte und nicht so wie die einer amerikanischen Firma, die mit Social Media private Daten ausforscht und verkauft. Das ist also eigentlich eine politische Entscheidung.

MARTIN HÄHNEL: Vertrauen scheint also sowohl auf der Makroebene als auch auf der Mikroebene ein sehr zentrales Konzept für den Versuch der Erhöhung der gesellschaftspolitischen Akzeptanz von KI zu sein. Wenn wir uns aber jetzt auf der Mikroebene Algorithmen anschauen, dann gibt es ja die Auffassung, dass wir das »Verhalten« von KI-Systemen und Maschinen nur besser erklären müssten, damit Vertrauen aufgebaut werden kann. Wie stehen Sie zu dieser Debatte um Erklärbarkeit und auch zur Opazität? Ist das vielleicht doch eine andere Diskussion, die nicht so stark mit einem eher sozialpsychologischen Begriff von Vertrauen kontaminiert werden sollte?

VINCENT C. MÜLLER: Ich habe nichts gegen Vertrauensbegriffe, ich finde natürlich, dass wir vertrauenswürdige KI herstellen sollten – insofern stimme ich mit der genannten politischen Entscheidung überein, eben auch weil sie weltweite Wirkung haben kann. Jetzt wollen alle vertrauenswürdige KI machen. Wenn Sie auf die Webseiten von Google DeepMind oder ähnlich relevanten Firmen gucken, wird ganz vorne drauf geschrieben, dass sie gute KI machen, KI, der man trauen kann, KI für das Wohl der Menschheit – denn die wissen alle, sie haben ein enormes PR-Problem.

Zur Frage der Erklärbarkeit von Entscheidungen: Wenn man das früher skizzierte Modell weiterverfolgt, dass KI-Systeme Entscheidungen treffen, ist es wichtig, dass man erklären kann, wie die Entscheidungen zustande kommen, weil das mit der Verantwortlichkeit zusammenhängt. Wenn jemand eine Entscheidung trifft, die mich betrifft, dann habe ich normalerweise das Recht zu fragen:

»Warum hast du so entschieden?« Und je nach den Bedingungen kann ich eine mehr oder weniger explizite Begründung erwarten, die mit der Verantwortung dieser Person für ihre Entscheidung zusammenhängt. Und oft ist diese Entscheidung natürlich etwas, das ich delegiere, weil ich sage, diese andere Person ist eine Expertin in dem Bereich, den wir jetzt hier diskutieren. Und wenn sie sagt, so ist es, dann akzeptiere ich, dass das so ist. Insofern hängt das Problem der Erklärung auch mit der Frage des Vertrauens zusammen. Ich würde unter vielen Umständen auch einfach die Erklärung und das Vertrauen an jemand anderen delegieren und sagen, diese Person weiß schon, was sie tut, und dann ist das auch in Ordnung so.

Es gibt aber bei KI-Systemen ein besonderes Problem der Erklärbarkeit, und zwar insbesondere bei den KI-Systemen, die in den letzten Jahren sehr prominent geworden sind und die auf maschinellem Lernen basieren. Das war ja früher in der KI, vor, sagen wir mal, dem Jahr 2000, so nicht der Fall. Das waren in der Regel explizit programmierte Systeme, wo man also ganz gut sehen konnte, warum das System macht, was es macht, weil es programmiert ist mit einer Art Rezept, einen Algorithmus, bestimmte Schritte zu durchlaufen und am Ende mit einem Ergebnis herauszukommen. Also konnten die Leute, die dieses System geschrieben haben, ganz gut erklären, warum es sich so verhält, wie es sich verhält. Die Lage war also nicht grundsätzlich anders als bei anderen technischen Systemen auch. Ich benutze diese, ohne dass ich wirklich weiß, wie sie funktionieren, aber jemand, der sich wirklich damit auskennt, könnte mir erklären, warum das System das tut, was es tut. Das ist der Normalfall. Jetzt haben wir aber neuerdings Systeme, bei denen die Leistung hauptsächlich auf Lernen beruht. Und bei diesem Lernen ist es in der Regel so, dass man den Systemen irgendeine Art von Feedback gibt, ob ein bestimmter Output gut war oder nicht so gut. Man kann sich das ein bisschen vorstellen wie beim Topfschlagen, diesem Kinderspiel, bei dem man »warm« oder »kalt« sagt, und dadurch wird das System dann langsam besser.

Aber was es da eigentlich gemacht hat, nach welchem Kriterium es tatsächlich beschlossen hat, dass dieses Bild jetzt eine Katze darstellt und jenes Bild keine Katze, das weiß man dadurch nicht. Man weiß nur, dass es sich eben entsprechend verändert hat, so dass es das jetzt korrekt machen kann. Zumindest in den Fällen, in denen ich das gecheckt habe. Man hat dann in der Regel so ein System, das man erstmal auf einem Datensatz trainiert und dann mit einem anderen Datensatz checkt, ob es das auch wirklich richtig tut. Und wenn es dann das tut, was man will, dann kann man sagen: »Fingers crossed, wird schon weiter so laufen«. Man weiß das aber eigentlich nicht, ob es weiter so laufen wird, und man weiß auch nicht, wie es das eigentlich gemacht hat. Das hängt natürlich miteinander zusammen, und mein Beispiel war ja jetzt auch bewusst relativ einfach. Diese Lage ist ein Problem, wenn es sich um Entscheidungen handelt, die für Menschen wichtig sind, weil man dann eben auch bei den Experten keine Antwort mehr auf die Frage bekommt, warum das System so entschieden hat, wie es entschieden hat. Also die Angabe von Gründen, die man normalerweise erwarten würde, fällt dann aus.

MARTIN HÄHNEL: Ja, dann lassen Sie mich zu unserem letzten Punkt in diesem Teil kommen, den ich schon am Anfang angesprochen habe. Im letzten Jahr hat sich ja auch das Gebiet der sogenannten digitalen Ethik oder Medienethik etabliert und weiterentwickelt. Auch in diesem Bereich spielt künstliche Intelligenz immer mehr eine entscheidende Rolle, zum Beispiel wenn es um die Manipulation von Verhalten durch Deepfakes, Desinformationen etc. geht. Diese Täuschungen können ja durch den Einsatz von generativer KI in Form von Chatbots erzeugt und gewährleistet werden. Welchen Beitrag kann denn eine KI-Ethik zu dieser Diskussion leisten und sollte sie in Zukunft auch leisten?

VINCENT C. MÜLLER: Zunächst mal muss ich da vorausschicken: Ich verstehe sehr wenig von Medienethik. Aber es scheint mir klar zu sein, dass die KI auch auf diesen Bereich einen erheblichen Einfluss hat und vor allen Dingen in der Zukunft haben wird. Sie ermöglicht sicherlich viel stärker individualisierte Medien als früher, die auch viel komplexer sind. Und eben auch sehr viel mehr Fakes. Alle diese Aspekte, scheint mir, sind auch für die Medientheoretiker nicht wirklich neu. Aber ich denke schon, dass sie die Sicht auf die Medien ganz erheblich verändern werden. Ich erwarte, dass der Input auf die KI-Ethik von ganz verschiedenen Richtungen kommen wird und dass hier die Medienethik einen erheblichen Einfluss ausüben wird, einfach weil das Wissenschaftsbereiche sind, die schon seit langem erfolgreich betrieben werden. Die Medientheorie, die ja seit den 60er Jahren in großem Umfang betrieben wird, ist einfach eine ziemlich fortgeschrittene Geistes- und Sozialwissenschaft – von der können wir nur lernen. Ich erwarte also, dass es Berührungspunkte geben wird, von der KI-Ethik zur Medienethik, zur Tierethik, zur Medizinethik und zu anderen Bereichsethiken, die schon länger etabliert und im gewissen Sinne auch fortgeschrittener sind als die KI-Ethik.

MARTIN HÄHNEL: Da fällt mir jetzt noch eine mögliche Anschlussfrage ein, die vielleicht gar nicht so stark ins KI-Ethische hineinreicht, aber vielleicht gibt es da doch Berührungspunkte. Mit KI wird ja auch versucht, so etwas wie Kunst zu erzeugen. Das ist eine Debatte, die man mit einiger Verwunderung zur Kenntnis nehmen kann oder auch nicht. Aber natürlich stellt sich die Frage, inwieweit so ein System dann, wenn es zu diesem Zweck eingesetzt wird, Kunst zu erzeugen vermag und eventuell als kreativ bezeichnet werden kann. Wo sehen Sie Kreativitätsbereiche der KI und wo nicht? Und wo ist Kreativität seitens der KI auch schädlich?

VINCENT C. MÜLLER: Zunächst mal würde ich sagen, das ist eigentlich nichts grundlegend Neues. Künstler haben eigentlich immer schon alles genutzt, was zur Verfügung stand, um interessante Kunstwerke zu schaffen. Und jetzt verfügen sie über ein neues System oder neue Arten von Systemen, mit denen sie andere interessante Sachen machen können. Und das tun sie natürlich auch. Die Künstler gehören immer zu den ganz frühen Adopters eines Systems. Ich finde das ausgesprochen spannend, was man damit machen kann. Es gibt zum Beispiel bereits wundervolle Methoden, mit denen Kunstsysteme mit der Welt live interagieren können, sich also auf eine Art und Weise verändern können, die früher einfach nicht möglich gewesen wäre. Ich habe da keinerlei Vorbehalte. Da kann man tolle Sachen machen.

Der Begriff der Kreativität hingegen ist ja eigentlich ein merkwürdiger Begriff. Er ist so ein Versuch, irgendwie zu sagen, da gibt es dieses ganz Besondere, das irgendwie manchmal stattfindet oder bei manchen Leuten. Aber *was* es ist, darf man eigentlich nicht sagen, denn wenn man sagen könnte, was es ist, dann hätte man es sozusagen bereits entzaubert und dann wäre es keine Kreativität mehr. Also wenn man weiß, wie man eine Sonate schreibt und das auch mechanisch durchführen kann, dann ist das keine Kreativität, dann ist diese irgendwie gestorben. Ich finde das keine so wirklich überzeugende Auffassung, weil ich natürlich davon ausgehen würde, dass es die Leute irgendwie geschafft haben, etwas Kreatives zu machen, zum Beispiel etwas »Neues«, etwas, das verbindet, was vorher nicht verbunden wurde usw. Aber die Vorstellung, dass das sozusagen ohne kausale Struktur stattgefunden hat, scheint mir abwegig zu sein. Insofern finde ich es nicht abwegig zu erwarten, dass man auch mit reinen KI-Systemen, also ohne menschliche Interaktion, Sachen machen kann, die ein gewisses Kreativitätsniveau erreichen werden. Aber das ist natürlich das allerschwierigste, weil man es nicht einprogrammieren kann, denn, wie gesagt, dann hätte man ja das Langweilige schon wieder drin. Computer sind ja allgemein in all dem gut, was wir gut verstanden haben, was wir genau beschreiben können und was wir gut reproduzieren können. Und das ist ja schon eine ganze Menge. Also wenn Computer das hinkriegen, dann ist es ja schon wirklich sehr, sehr angenehm. Leider ist es aber so, dass viele dieser Dinge auch etwas Kreativität beinhalten. Stellen Sie sich vor, »Bäckerei Müller« braucht ein Ladenschild und es soll traditionell aussehen, aber doch irgendwie erkennbar aus unserer Zeit, ... das ist eine Sache, die zwar Kreativität erfordert, aber nicht auf einem besonders hohen Niveau: Das kann man ganz gut auch mechanisch machen. Solche Sachen verändern sich mit der Zeit: Früher war es so, dass die Bäckerei jemanden eingestellt hätte, der mit einem Pinsel kommt und das Schild malt. Es gab den Beruf des Schildermalers, der ist aber inzwischen mehr oder minder ausgestorben. Und ich nehme an, dass sich das weiterentwickeln wird. Bestimmte Sachen, die man heute von kreativen Menschen machen lässt, werden wahrscheinlich leider von Maschinen gemacht werden. Und das wird zu Schwierigkeiten auf dem Arbeitsmarkt führen. Ganz klar.

MARTIN HÄHNEL: Jene Kreativität, die auf nicht so einem hohen Niveau stattfindet, ist ja bei verschiedenen Tätigkeiten erforderlich, zum Beispiel auch beim Schreiben von Forschungsanträgen. Es ist ein offenes Geheimnis, dass Wissenschaftler derzeit vermehrt generative KI einsetzen, um möglichst innovative Anträge zu verfassen. Wie schätzen Sie das ein? Verstößt dieses Vorgehen nicht gegen gute wissenschaftliche Praxis? Handelt es sich hier überhaupt um Kreativität, einmal seitens der KI, die einfach nur vorhandenes Wissen neu kombiniert, einmal seitens des Antragenden, der ja so schlau und vielleicht sogar so kreativ ist und die Arbeit einfach an ein System delegiert, das den Forschungsstand viel besser überschauen kann und dabei noch unentdeckte Forschungslücken aufspürt?

VINCENT C. MÜLLER: Das ist eine schöne Frage, weil sie unsere Diskussion über andere Leute und zukünftige Probleme sehr viel näher an uns selbst heranbringt. Das, was Sie und ich so machen, könnte eben auch automatisiert werden. Und es wird schon automatisiert. Vielleicht bin ich blöd, weil ich gerade einen Forschungsantrag »von Hand« schreibe? Natürlich habe ich auch ein paar Dinge nachgeguckt und mir vielleicht nette kleine Formulierungen gemerkt. Ich würde irgendwie hoffen, dass es auch weiterhin notwendig sein wird, dass das ein Mensch macht. Aber ich glaube tatsächlich, dass es da erhebliche Probleme geben wird, und zwar sehr bald – nicht nur beim Schreiben von Anträgen, sondern auch beim Beurteilen von Anträgen. Oder noch näher an unserer Haut: Ich würde mal sagen, locker 80% von dem, was ich in unserem Interview jetzt gerade so erzählt habe, ist eigentlich doch ziemlich Common Sense für jemanden, der sich in dem Bereich auskennt. Das könnte also auch ein ChatGPT-System oder so ganz gut hinkriegen. Vielleicht auch besser als ich bei bestimmten Sachen, weil das System zum Beispiel nichts vergisst, was auf mich leider nicht zutrifft. Und dasselbe gilt für das Edieren des Textes und die Frage: Was sind eigentlich gute Fragen, die man jemandem stellen sollte? Wenn ich Sie wäre, hätte ich da vorher mal so ein System gefragt, was wären gute Fragen, die man jemandem stellt? Haben Sie das getan?

MARTIN HÄHNEL: Noch bevorzuge ich das klassische Interviewformat, in dem Fragen spontan aus dem aktuellen Gespräch hervorgehen. Dieses bisschen Kreativität wollte ich uns noch zumuten.

VINCENT C. MÜLLER: Ja, gewissermaßen old-style? Aber ich denke, dass sich das auch ändern wird. Hier wird das Wissenschaftssystem auf ziemlich interessante Weise untergraben, glaube ich. Wir sehen das ja schon längere Zeit bei den Studenten. Wir haben das Problem mit dem Mogeln bei Prüfungen, was es immer schon gab. Jetzt hat es sich verschärft und man kann eigentlich nicht mehr davon ausgehen, dass die Studenten ihre Hausarbeiten selber schreiben oder zumindest im Wesentlichen selber schreiben. Und das geht ja noch weiter nach oben: Ich habe gerade eine Konferenz organisiert, die Ende dieser Woche stattfindet, und ich gehe natürlich davon aus, dass die Einreichungen von den Autoren geschrieben wurden und die Reviews von den Mitgliedern des *Programme Committee*. Wenn das alles nicht mehr stimmt, dann gerät das ganze System ins Wanken. Deswegen habe ich vorhin gesagt, dass ich glaube, dass das Problem der Authentizität der Information ganz, ganz entscheidend ist und in den Lebensbereichen, in denen Aktivitäten untergraben werden können, thematisiert werden muss. Einer dieser Lebensbereiche ist auch die wissenschaftliche Arbeit. Das betrifft also nicht nur andere Leute, das betrifft uns selbst.

MARTIN HÄHNEL: Danke. Ich komme jetzt zur letzten Frage innerhalb des zweiten Komplexes. Jüngst haben Sie ja mit anderen internationalen KI-Forschern der deutschen Bundesregierung Empfehlungen zur KI gegeben. Können Sie kurz erzählen, worum es da genau ging und welches generelle Ziel Sie dabei hatten bzw. welche Wünsche Sie mit diesen Empfehlungen verbinden, von denen Sie hoffen, dass man seitens der Politik auch darauf eingeht? Das würde mich interessieren.

VINCENT C. MÜLLER: Die Vorgeschichte dieser Empfehlungen ist, dass meine Kollegen Holger Hoos, Aimee van Wynsberghe und ich etwa zur gleichen Zeit eine Alexander-von-Humboldt-Professur für KI in Deutschland bekamen. Und da haben wir uns überlegt, dass man diese Humboldt-Professuren auch politisch nutzen müsste. Wir haben dann in Aachen ein Treffen der Humboldt-Professoren für KI veranstaltet, vor allem Holger und sein Lab, bei dem 19 oder 20 unserer Kollegen tatsächlich auch gekommen sind – was ein mittleres Wunder ist, denn die sind ja alle ziemlich beschäftigt.

Wir haben dann gesagt, es gibt ein System, mit dem die Bundesrepublik Spitzenforscher aus dem Ausland nach Deutschland holt, mit einer Art kleinem Nobelpreis oder so, eben dieser Humboldt-Professur. Und es gibt in den letzten Jahren ein System, in dem zusätzliche Forscher aus der KI da besonders berücksichtigt werden. Also machen wir der Bundesregierung ein Angebot: Diese Leute, die ja schon sozusagen den Stempel einer Expertengruppe haben, könnte man nutzen, wenn man die Entwicklung der KI in Deutschland steuern will, man könnte diese Gruppe dazu befragen. Denn sie sind sozusagen dezidierte Experten und sie haben auch die Perspektive aus dem Ausland, was m. E. ein sehr wichtiger Aspekt ist. Es gibt natürlich bereits eine Reihe von wichtigen Forschungseinrichtungen zur KI in Deutschland, die bereits in der Politik eine wesentliche Rolle spielen, das ist klar, und die werden ohnehin bereits gefragt. Also ist diese Empfehlung an die Bundesregierung hauptsächlich ein Angebot, um mit uns zu sprechen, einen Beirat einzuführen oder dergleichen.

Der Hintergrund ist, dass die Bundesregierung beschlossen hat, die KI-Forschung und -Entwicklung in Deutschland stark zu fördern. Also haben wir vorgeschlagen, dass man sich damit beschäftigen könnte, *wie* man das am besten macht, und haben nur sehr grob dazu gesagt, dass wir vorschlagen, dass diese Förderung nicht nur im engeren Sinne auf KI beschränkt wird, sondern auch Natur-, Geistes- und Gesellschaftswissenschaften miteinbezogen werden, die in diesem Kontext eine wichtige Rolle spielen. Außerdem war für unsere technischen Kollegen ein wichtiger Punkt, dass die Strukturen der technischen Infrastruktur dezentralisiert aufgebaut werden. Der Rest war eine Reihe von anderen, kleineren Details. Aber wir fanden schon, dass es relativ erstaunlich ist, dass wir diese Leute tatsächlich erstens zusammengebracht haben und zweitens auch in einem Tag dazu gebracht haben, eine gemeinsame Erklärung zu unterschreiben. Die Bundesregierung hat darauf bisher positiv, aber etwas unspezifisch reagiert. Wir werden sehen, wie sich das entwickelt. Aber ich bin hoffnungsvoll, dass die Ethik der KI weiterhin eine große Rolle spielen wird. Der Deutsche Ethikrat zum Beispiel hat ja vor nicht allzu langer Zeit eine Stellungnahme dazu abgegeben.[38] Und es ist ganz offensichtlich, dass ein politischer Bedarf besteht, sich mit der Frage der

Steuerung der KI-Forschung in verschiedenen Richtungen zu befassen.

MARTIN HÄHNEL: Ja, vielen Dank. Schön, dann würden wir jetzt im dritten Teil so ein bisschen weggehen von diesen spezifischen ethischen, rechtlichen, philosophischen, politischen, ökonomischen Fragen und uns die KI in der Öffentlichkeit anschauen und deren Rolle in der Lebenswelt der Menschen.

TEIL III:
KI ZWISCHEN ÖFFENTLICHKEIT UND PERSÖNLICHER LEBENSWELT

MARTIN HÄHNEL: Es mag kaum verwundern, dass wir in diesem Teil des Gespräches wohl immer wieder Themen anschneiden müssen, die wir bereits diskutiert oder andiskutiert haben. Nichtsdestoweniger möchte ich den Fokus jetzt verstärkt auf die Frage nach dem Einfluss digitaler Technologien auf das öffentliche Leben und die persönliche Lebenswelt richten. Mir scheint, dass zum Beispiel KI, anders vielleicht als in China oder den USA, noch nicht so richtig im Alltag der Menschen in Deutschland angekommen ist. Sehen Sie das auch so? Ferner scheint es hierzulande eine gewisse Skepsis gegenüber der Digitalisierung und der Einführung neuer Produkte auf diesem Gebiet zu geben. Welche Ideen haben Sie bzw. welche Methoden haben Sie bereits entwickelt, um sowohl einer berechtigten als auch einer unberechtigten Skepsis in Bezug auf die Anwendung und Nutzung von neuartigen KI-Technologien zu begegnen?

VINCENT C. MÜLLER: Zunächst ist es üblicherweise so, dass wir mit einer kritischen Einstellung an eine neue transformative Technologie herangehen. Ob das gesund oder ungesund ist, würde ich mal dahingestellt sein lassen, aber es ist jedenfalls eine allgemeine Tendenz, die wir gesellschaftlich und auch individuell haben. In der Regel ist es dann so, dass sich ein Teil dieser Bedenken als berechtigt herausstellt. Zum Beispiel: »Die Autos werden dazu führen, dass man seine Kinder nicht mehr unbesorgt auf der Straße spielen lassen kann.« Ein anderer Teil wird sich als so absurd herausstellen, dass man sich gar nicht mehr daran erinnert, was man alles für Sorgen hatte („Die Seele kommt nicht hinterher, wenn man schneller fährt, als ein Pferd laufen kann«). Und dann wird es noch einen nicht unerheblichen Teil geben, über den man vorher gar nicht nachgedacht hat, der aber trotzdem eine Entwicklung ist, die aus dieser Technologie folgt. So hat sich zum Beispiel die Siedlungsstruktur unserer Städte massiv verändert, seitdem wir mit Autos herumfahren. Ich habe nicht den Eindruck, dass das etwas war, über das sich die Leute viele Sorgen gemacht haben, als diese Maschinen aufkamen – solche Sorgen traten eher in den 1970er Jahren auf. Mir scheint also, dass man in der KI ähnliche Entwicklungen erwarten kann, dass sich bestimmte Dinge als unproblematisch herausstellen werden und bestimmte Dinge schon deutlich als problematisch zu erkennen sind. Und es gibt auch noch andere, von denen wir vielleicht nur so das kleine Ende erkennen, wohinter sich ein dickes Ende aber versteckt hält. Eine Aufgabe der KI-Ethik ist also, zu sagen, welche Probleme in welche Kategorie gehören.

Im Bereich der KI ist das zusätzlich noch dadurch erschwert, dass es ja eine universelle Technologie ist. Eigentlich handelt es sich, in einer ersten Näherung, um eine Technologie, die Entscheidungen fällen kann, und zwar prinzipiell jeder Art – das ist eigentlich das, was intelligente Systeme grundsätzlich tun. Intelligente Systeme haben Ziele und verfolgen diese Ziele mehr oder weniger erfolgreich, und sie treffen Entscheidungen, um diese Ziele zu erreichen. Wenn man sich vorstellt, dass wir es mit einem universellen Entscheidungssystem zu tun haben, dann sind auch die Probleme, die damit auftreten, in allen Bereichen vorhanden.

Ich hatte neulich beispielsweise eine Anfrage von einer Polizeiakademie, die sich mit der Frage beschäftigt, welche Auswirkungen KI auf deren Tätigkeit hat. Eigentlich sehr plausibel, war mir aber vorher noch nicht in den Sinn gekommen, einfach weil das kein Bereich ist, der in meinem Leben eine große Rolle spielt (offenbar ein schlechtes Kriterium). Es gibt eigentlich in jedem Tätigkeitsbereich der Menschen die Frage: Wie wird sich das auf unsere Arbeit auswirken? Es gibt einige Aspekte, die, meine ich, ganz offensichtlich sind. Zum Beispiel, wenn man Entscheidungssysteme hat, dann muss man dafür sorgen, dass diese Entscheidungssysteme auch *gute Entscheidungen* fällen. Man muss Qualität also irgendwie sicherstellen und sicherstellen, dass man weiß, *warum* sie eine Entscheidung gefällt haben und wer für die Entscheidung verantwortlich ist, und zwar unabhängig davon, ob die Entscheidung gut oder weniger gut war. Insbesondere ist in diesem Bereich eine richtige Verteilung von Lob und Tadel wichtig. Wir wollen natürlich nicht, dass es so ausgeht, dass die Maschine das Lob und die Menschen den Tadel abbekommen, und das gibt es bereits in einigen Bereichen.

Es gibt hier eine berechtigte öffentliche Beunruhigung. Wir haben eine Technologie, die massiv unsere Welt verändern wird. Und sie wird diese Welt auf eine Art und Weise verändern, die möglicherweise nicht unseren gesellschaftlichen Zielen entspricht; in einigen Bereichen sicherlich, vielleicht sogar in vielen Bereichen. Es ist eine Technologie, die im Moment jedenfalls von profitorientierten Unternehmen gesteuert wird. Das heißt also, sie wird ausgerichtet auf die Maximierung des Profits. Das kann mit den gesellschaftlichen Zielen übereinstimmen, muss es aber erfahrungsgemäß nicht unbedingt. Also wir müssen da tatsächlich sehr aufpassen. Wir müssen aber auch im Auge behalten, dass diese Technologie unglaublich positive Möglichkeiten hat. Es ist völlig offensichtlich, dass man eine enorme Menge von Aktivitäten sehr viel leichter durchführen kann, als das bisher der Fall war, also Dinge produktiver, billiger und leichter zugänglich machen kann. Und eine ganze Menge Sachen, die man vorher nicht machen konnte, kann man überhaupt erst jetzt tun. Zum Beispiel sehe ich, wie gesagt, im Bereich der medizinischen Forschung unglaubliches Potenzial, dessen Realisierung allen Beteiligten zugutekommen kann.

Ich sehe auch erhebliches Potenzial in der Verminderung, sagen wir mal, der Ungleichheit in der Welt. Ich habe jetzt eine Doktorandin aus Nigeria eingestellt. Diese Kollegin hätte doch vor der Entwicklung des Internets meine Existenz überhaupt nicht bemerken können. Oder die Tatsache, dass da eine Stelle ausgeschrieben ist. Oder online ein Jobinterview führen. Oder auch Forschung treiben, denn sie treibt bereits Forschung. Wie sollte sie das ohne Internet machen, wenn sie an einem Ort ist, wo die Bibliothek nur ein paar Bände umfasst? Das sind Entwicklungen, die, wie ich finde, zu wunderbaren Kooperationsmöglichkeiten führen, die wir früher nicht gehabt hätten. Es ist inzwischen völlig normal geworden, dass man mit ganz vielen verschiedenen Leuten aus ganz vielen verschiedenen Gegenden gemeinsam akademische Arbeit macht. Das war zu den Zeiten meiner Professoren undenkbar. Da wurde gelegentlich mal ein Kollege aus England eingeladen, und das war es dann auch.

Zugegebenermaßen sind das nur kleine Spielchen, die sich auf das beziehen, was ich so mache, was natürlich gesellschaftlich vergleichsweise unwichtig ist. Es ist völlig klar, dass wir hier enorme Veränderungen positiver Natur zeitigen können. Aber es ist auch völlig klar, dass es massive Umwälzungen geben wird, die problematisch sein werden. Die Größenordnung der Veränderungen insgesamt scheint mir nicht unähnlich der Industriellen Revolution im 19. Jahrhundert zu sein, also wirklich eine Zeitenwende in der Weltgeschichte.

MARTIN HÄHNEL: Es ist ja immer auch spannend für Leserinnen und Leser, wenn man über die Bedrohungen und Gefahren von KI spricht und wenn man dann auch versuchen kann, diese Bedenken auszuräumen.

VINCENT C. MÜLLER: Wenn ich Sie kurz unterbrechen darf. Was wir jetzt machen, beruht ganz und gar auf KI. Wir könnten dieses Videogespräch nicht führen, wenn es nicht die entsprechende Software gäbe, die uns diese Möglichkeiten gibt und die dann hinterher unseren Text transkribiert (mehr oder minder akkurat). Bei diesen erheblichen positiven Veränderungen gibt es das merkwürdige Phänomen, dass wir so tun, als wenn das immer schon so gewesen wäre. Das stimmt aber nicht. Wir machen ja diese Videounterhaltungen eigentlich erst seit der Pandemie. Davor war das eine ganz elende und technisch schwierige Angelegenheit, die nur so komische Leute wie ich gelegentlich ausprobiert haben. Inzwischen macht das alle Welt. Und wenn wir diese Gelegenheit nicht hätten, dann würde dieses Interview wahrscheinlich gar nicht stattfinden, denn wir müssten uns ja physisch treffen, was mit einem sehr viel größeren Aufwand verbunden wäre.

MARTIN HÄHNEL: Und das ganze zusätzliche Equipment, das wir dann bräuchten, da müsste ich mit irgend so einem Aufnahmegerät vielleicht noch zu Ihnen kommen, das dann auch nicht einwandfrei funktioniert usw. Nochmal zu diesem merkwürdigen Phänomen, das Sie angesprochen haben: Wir sind als Menschen – vor allem in Bezug auf die Nutzung von Technologien – ja auch unglaubliche Gewöhnungstiere. Wir gewöhnen uns schnell an gute und an schlechte Dinge und merken dabei oft gar nicht so richtig, woran wir uns jetzt gerade gewöhnt haben.

VINCENT C. MÜLLER: Das ist das Erstaunliche. Man nennt das eine »transparente Technologie«, die in der eigenen Wahrnehmung verschwindet. Nehmen wir zum Beispiel das Telefonieren. Ich habe gerade vorhin mit einem Kollegen gesprochen, der in den USA sitzt, und wir haben über ein Voice-over-IP-System gesprochen (VoIP). Es ist mir egal, wo der ist. Ich rufe ihn halt an! Er muss nur wach sein. Aber sonst? Ist das unproblematisch. Und das sind natürlich Veränderungen, die so verschwinden.

MARTIN HÄHNEL: Ja, das ist gerade lebensweltlich interessant. Wieso wird das so wahrgenommen und nicht anders?

VINCENT C. MÜLLER: Ich weiß es nicht. Ich hatte, als ich Student war, eine Freundin, die in England wohnte, und das war eine extrem teure Angelegenheit für mein studentisches Budget. Und heute kann man eine Unterhaltung führen, egal wo der Gesprächspartner ist, die praktisch nichts kostet und technisch völlig unproblematisch ist. Das ist ein Riesenfortschritt.

MARTIN HÄHNEL: Ja, es ist gut, dass wir das noch mal als Beispiel anführen. Unlängst habe ich auch ein Interview mit einem Ex-OpenAI-Manager gelesen,[39] der meint, dass die größte Gefahr von KI eben nicht im Anrichten eines unmittelbaren Schadens liegt, der zum Beispiel durch Fehlprogrammierung o. ä. entsteht, sondern er sieht wie einige andere auch die größte Gefahr eher in einem kulturellen Aspekt. Er ist der Auffassung, dass Menschen, die immer mehr in digitalen Bezügen leben, sukzessive vergessen, kritisch zu denken. Er verweist dabei auf einen Pixar-Film von 2008, den ich selbst noch nicht geschaut habe. Die Menschen, die dort gezeigt werden, lassen sich permanent berieseln, interessieren sich nicht mehr für ihre Umwelt und fristen ein freudloses Dasein. Was halten Sie von der Überlegung? Ist das übertrieben? Und drehen wir den Spieß mal um: Wie kann KI das Leben freudvoller machen? Oder ist das gar nicht ihre Aufgabe?

VINCENT C. MÜLLER: Geben Sie mir 30 Sekunden, dann werde ich dazu eine Antwort finden, die, glaube ich, auf dem Schreibtisch meines Sohnes liegt.

MARTIN HÄHNEL: Kein Problem.

VINCENT C. MÜLLER: Also mein Sohn hat einen Informatikkurs in der Oberstufe und auf der Rückseite des Buches, das er dafür hat, steht folgendes Zitat: »Die Gefahr der künstlichen Intelligenz liegt nicht darin, dass Maschinen mehr und mehr wie Menschen denken, sondern dass Menschen mehr und mehr wie Maschinen denken« – Joseph Weizenbaum.[40] Es ist also eine sehr alte Überlegung, dass wir selbst uns durch Maschinen in einer Weise verändert werden, die nicht positiv ist. Ich glaube auch, dass diese Aussage absolut berechtigt ist. Es gibt Kulturwissenschaftler, die sich zum Beispiel mit der Entwicklung beschäftigen, die durch die Existenz von Uhren ausgelöst wurde. Früher gab es entweder gar keine Uhr oder irgendwann später dann nur die Kirchturmuhr. Also konnte man sich auch nicht ohne weiteres um 5:30 Uhr verabreden oder einen Arbeiter nach Zeit bezahlen.

Die Veränderungen durch die Computertechnologie haben uns beide bereits massiv geprägt. Ich denke zum Beispiel bereits in Menüs und Untermenüs. Das ist keine gute Entwicklung, finde ich, aber das ist so. Kulturell gibt es natürlich massive Veränderungen. Jeder, der beobachtet hat, was mit den Smartphones passiert ist und was mit uns passiert ist, seitdem es Smartphones gibt, kann sich doch ungefähr ausmalen, was passieren würde, wenn wir jetzt ein System hätten, das eigentlich alles weiß und mich persönlich unterstützt und zum Beispiel sagt: »Du musst heute Morgen mal ein bisschen darüber nachdenken, was du dem Hähnel in diesem Interview erzählen willst. Und ich schlage vor, du sagst das und das.« Eben einen persönlichen Assistenten, der alles Mögliche macht. Sehr schnell hätte ich den Eindruck, ohne diesen Assistenten könnte ich gar nicht mehr leben, und sehr schnell wäre ich dazu bereit, viel für solch einen Service zu bezahlen … Mir scheint also, dass es eine problematische Entwicklung in diesem Bereich gibt, jene Bildschirmfixierung, die man gegenwärtig beobachten kann, die ja auch unser Leben schon beeinflusst. Wenn ich allerdings meinem Sohn sage, er solle nicht den ganzen Tag auf einen Bildschirm starren, antwortet er mit Recht: »Du gehst ja da mit gutem Beispiel voran!«

MARTIN HÄHNEL: Das kann ich bestätigen. Mein Sohn, der offensichtlich jünger ist als Ihr Sohn, versucht mir immer das Smartphone aus den Händen zu reißen.

VINCENT C. MÜLLER: OK. Und jetzt stellen Sie sich noch mal dazu vor, dass wir eigentlich alle unsere Aktivitäten auf einem Bildschirm durchführen können, mit natürlichen Akteuren und virtuellen Akteuren. Und dass wir vielleicht auch den Unterschied gar nicht mehr bemerken. Das ginge dann natürlich in eine Richtung, wo man sagen kann, ich bleibe in meinem Kämmerchen mit einem Bildschirm und interagiere nur mit diesen Akteuren. Und in diesem virtuellen Raum sind die Frauen schöner, die Leute netter, alles ist wunderbar, also gehe ich doch nicht in die dreckige, komplizierte Welt da hinaus. Natürlich es gibt Firmen, die ein wirtschaftliches Interesse daran haben, mich so zu manipulieren, dass genau das der Fall sein wird (ein Vorschlag ist ja das private »Metaverse«, was nichts weniger wäre als eine privatisierte Welt). Es gibt eine Science-Fiction-Geschichte, an deren Titel ich mich nicht erinnere, aber jedenfalls sitzt in dieser Geschichte jemand in seinem Kämmerchen und interagiert über den Bildschirm mit dem Rest der Welt, bis er dann irgendwann die Tür aufmacht und feststellt, dass er ganz allein ist.

Es gibt also diese Entwicklung, aber andererseits gibt es auch eine erstaunliche Kontinuität in der Menschheit. Wenn wir uns zum Beispiel angucken, was in den klassischen griechischen Dramen so passiert, da gibt es ein paar Sachen mit der griechischen Religion und so, die uns ein bisschen unklar sind, aber im Wesentlichen ist das vollkommen verständlich, was da passiert – und deshalb können wir emotional beteiligt sein. Derweil sind die gesellschaftlichen Zusammenhänge und technischen Mittel völlig anders als unsere, aber dennoch gibt es im Kern erhebliche Kontinuitäten. Teenager sind immer Teenager, deren Verhalten im Grunde genommen eine enorme kulturelle Invarianz aufweist, auch wenn sie sich technisch und gesellschaftlich ein wenig anders ausformt.

Ich bin also kein Kulturpessimist, denn mir scheint, die Menschen bleiben sich im Grunde ähnlich. Allerdings kann man sicherlich bestimmte Schwächen oder Tendenzen der Menschen durch gesellschaftlichen Druck oder durch Technologien verstärken und das kann zu einem Problem werden (ein klassisches Beispiel ist die Gleichschaltung in der Nazizeit). Ein etwas realeres Beispiel heute ist die Sozialkompetenz, also die Fähigkeit, mit anderen Menschen erfolgreich und erfreulich zu interagieren. Das ist eine Sache, die man trainieren muss. Interessanterweise ist das etwas, was jedem sofort einsichtig ist, wenn man über Sport spricht. Jeder weiß, wenn ich möglichst schnell 5000 Meter laufen will, dann muss ich täglich trainieren oder häufig trainieren, sonst schaffe ich das nicht. Wenn ich etwas philosophisch Vernünftiges schreiben will, muss ich eine Zeit lang trainieren, sonst kann ich das nicht. Und weil das bei allen Sachen so ist – und wenn ich nicht sozusagen in eine problematische Richtung trainiere –, dann werde ich eben diese spezifischen Sachen sehr gut können, andere aber eben nicht. Aber Menschen wollen immer mit Menschen interagieren. Menschen brauchen Zuwendung, Sex, Empathie und alle möglichen anderen Sachen, die mit anderen Menschen zusammenhängen. Das wird es immer geben. Natürlich kann man da auch problematische gesellschaftliche Entwicklungen sehen. Da braucht man ja nur ein bisschen in die Geschichte zu gucken oder sich andere Weltgegenden anzuschauen und sich zu fragen, hat sich das da positiv entwickelt? Ich meine, sind unsere Städte jetzt bessere Orte zum Zusammenleben als im 17. Jahrhundert? Da habe ich so meine Zweifel, muss ich sagen.

MARTIN HÄHNEL: Vielleicht können wir hier noch etwas verweilen. Es gibt ja auch dieses Schlagwort von der Empathie, die man gegenüber KI-Systemen empfinden kann. Denken wir hier nicht nur an die niedlichen Pflegeroboter, die vielleicht für einsame ältere Menschen in Geriatrien eingesetzt werden können, sondern auch an andere Formen der Emotionalisierung, die so weit reichen können, dass manche schon von einem »digitalen Animismus«[41] sprechen. Menschen können von einer KI so stark affiziert werden, dass sie meinen, sie hätten eine echte emotionale Beziehung zu einem Chatbot. Sie kennen bestimmt die wiederkehrenden Presseberichte von Menschen, die sich in eine KI-Figur verliebt haben.

VINCENT C. MÜLLER: Ja, kenne ich.

MARTIN HÄHNEL: Und diese Tendenz zu anthropomorphisieren und Unlebendiges, zum Beispiel unlebendige Maschinen als Quasi-Lebendiges zu betrachten, ist auch vielleicht schon eine kulturelle Konstante. Wie würden Sie das denn im Rahmen Ihrer Arbeit mit solchen Systemen bewerten? Steckt hinter der damit aufkommenden Täuschungsproblematik nicht auch eine tiefer liegende Selbsttäuschungsproblematik? Es gibt ja Menschen, die Gefühle für Maschinen entwickeln, aber ansonsten rational handeln, also auch aufgeklärt sind in Bezug auf das digitale Gegenüber, das eben keine leibhaftige Person darstellt. Wie kann man damit umgehen, sowohl beim Einzelfall als auch vielleicht gesellschaftlich, denn es scheint sich doch abzuzeichnen, dass der Emotionalisierungsfaktor von KI-Systemen eine große Rolle spielt, gerade wenn es um physische Anwendungen von KI in Form von Robotern etc. geht. Das würde mich mal interessieren.

VINCENT C. MÜLLER: Technologien im Allgemeinen und KI im Besonderen haben natürlich ein Manipulationspotenzial. Im Bereich der KI-Technologien ist das sicher ein besonderes Problem, weil sie ja zum Teil darauf abzielen, menschliche Fähigkeiten zu simulieren und damit auch menschliche Interaktionen zu simulieren. Und mindestens seit den Erfolgen der großen generativen Sprachmodelle gibt ja schon eine ganze Menge Leute, die sich mit solchen Systemen unterhalten und zu dem Schluss kommen, dass da irgendwie ein System dahintersteckt, das meint, was es sagt, und sich auch für das interessiert, was ich sage. Das ist ein Irrtum, der durch ein System nahegelegt wird, das sich so verhält, *als ob* es versteht, meint, mitfühlt, etc. – ich nenne das »Als-ob-KI« (*as-if AI, AIAI*). Wenn ich mit einem Menschen sprechen würde, der dasselbe Verhalten zeigt, würde ich zu dem Schluss kommen, er oder sie versteht, meint, fühlt mit, etc. – dieser Schluss wäre gerechtfertigt. Im Fall der KI wäre er nicht gerechtfertigt. Insofern bin ich sicher, dass Irreführung und Manipulation erhebliche Probleme sind und in der Zukunft sein werden. Allerdings würde ich auch gesellschaftliche Anpassungen erwarten, so wird man zum Beispiel einfach sagen: »Ich habe zum Beispiel meinen persönlichen Assistenten und der hilft mir«, ohne damit ernsthaft mentale Eigenschaften zuzuschreiben. Das findet man erst irgendwie komisch, gewöhnt sich dann aber daran.

In ähnlicher Weise gewöhnt man sich daran, dass man in einer fremden Stadt keine Karte braucht und dennoch alles findet, einschließlich einer Verkehrsverbindung dahin. Man gewöhnt sich daran, nicht zu wissen, wo man ist und wo das Ziel ist, aber von irgendeinem System gesagt zu bekommen: »Da rechts abbiegen und da links abbiegen.« Ich selbst fühle mich etwas verunsichert, wenn ich zur räumlichen Orientierung nicht auf eine Karte gucken kann, um zu verstehen, wo ich bin und wo der Weg ist. Ich weiß normalerweise, wo Norden ist; irgendwie kalibriere ich das. Das gilt aber nicht für Leute, die an Navigationssysteme gewöhnt sind: Ihnen fehlt die Karte nicht. Ich bin mir ziemlich sicher, dass Menschen der jüngeren Generation, für die Karten niemals unabhängig von Navigationssystemen existiert haben oder gar auf Papier, niemals den Orientierungssinn haben werden, der für Leute meiner Generation normal ist. Da gibt es eine gesellschaftliche Entwicklung, in der etwas verloren geht. Aber auch Platon hat ja bekanntlich schon gesagt, dass die Schrift ein Problem ist, weil man dann die Erinnerung nicht durch Auswendiglernen fördert. Eine Analogie dazu wäre vielleicht, dass die jüngeren Leute lieber ein Video schauen, als einen Text zu lesen. (Das wäre dann ein Problem für die Verschriftlichung eines Interviews.) Wenn die Veränderungen auf so einem Niveau sind, würde ich sagen, gut, das sind einfach gesellschaftliche Entwicklungen. Früher musste man, wenn man Musik hören wollte, ein Musikinstrument spielen oder jemanden kennen, der eines spielt, und zu ihm oder ihr hingehen. Das hat sich radikal geändert, aber es spielen immer noch sehr viele Leute Musikinstrumente, alles ist sehr viel demokratischer geworden. Manche Entwicklungen sind vielleicht insgesamt positiv und andere negativ, aber das sind Luxusprobleme.

MARTIN HÄHNEL: Hierzu auch eine kleine Anekdote von mir: Ich erinnere mich noch an die Erzählung einer Bekannten, die in Spanien war, was in manchen Bereichen ja auch schon digitalisierter ist als Deutschland. Ein junger Mann im Postamt wurde gefragt, ob er eine Briefmarke zum Freimachen der Sendung hätte. Der junge Mann war selbst noch nie in Berührung mit richtigen Briefmarken gekommen, die einige Menschen sogar leidenschaftlich sammeln. Er kannte nur die digitale Frankierung. Und dann kam sein älterer Kollege, der dem jungen Mann gesagt hat: »Die Dame möchte *eine Briefmarke.* Hier sind noch Briefmarken, die Sie nehmen können. Kleben Sie die Briefmarke einfach rechts oben auf das Kuvert!« Daraufhin wurde der Mann sehr nervös und fixierte übervorsichtig und mit zitternden Händen die Marke auf dem Umschlag. Er hatte ja noch nie zuvor eine Briefmarke gesehen, geschweige denn auf einen Umschlag geklebt. Dieser Fall wirkt natürlich für denjenigen, der es versteht, mit Briefmarken umzugehen, teilweise absurd. Aber dahinter steckt doch auch eine ernste Sache.

VINCENT C. MÜLLER: Das zeigt doch eben genau, dass jede Generation mit den Technologien trainiert wird, die für sie wichtig sind. Und ein Teil dieser Technologien wird natürlich irgendwann vollkommen unwichtig sein. Also ist doch klar, dass es eigentlich völlig unwichtig ist, ob man auf einen Brief ein kleines Papierstück draufklebt, um ihn befördern zu können. Es ist auch schon eine ganze Weile her, dass ich zuletzt eine Briefmarke verwendet habe.

MARTIN HÄHNEL: Die Frage ist doch hier, ob der Umgang mit Briefmarken eine wertvolle Kulturtechnik darstellt, die nicht verloren gehen soll. Das kann man bezweifeln, wenn man einfach will, dass Informationen transferiert werden. Andererseits wird es immer weniger Menschen geben, die als Hobby Briefmarken sammeln.

VINCENT C. MÜLLER: Also ich würde sagen, in diesem Fall ist das halt so, deswegen hatte ich so etwas unter »Luxusproblem« eingeordnet.

MARTIN HÄHNEL: Ich nehme also an, dass Sie kein leidenschaftlicher Briefmarkensammler sind.

VINCENT C. MÜLLER: Die Kulturtechniken verändern sich, und damit sollte man positiv umgehen. Man muss aufpassen, wenn man ein bisschen älter wird, dass man nicht in eine *Grumpy-old-man*-Position verfällt, im Sinne von: Früher war alles anders und daher richtiger. Das ist ein Irrtum. Ich hatte früher einen Plattenspieler und eine recht große HiFi-Anlage. Heutzutage habe ich ein Telefon und zwei Lautsprecher, sonst nichts (denn die Lautsprecher haben ein WiFi-System und einen Verstärker drin). Die Qualität ist besser. Fortschritt!

MARTIN HÄHNEL: Wollen wir uns zum Ende hin noch einmal mit der Frage des drohenden Jobverlustes durch KI beschäftigen? Es ist ja immer wieder die Rede davon, dass durch einen flächendeckenderen Einsatz von KI-Systemen ganze Berufszweige verschwinden und dadurch die Arbeitslosigkeit ansteigt. Welche differenzierte Meinung haben Sie denn dazu?

VINCENT C. MÜLLER: Der Diskussion würde ich gerne voranschicken, dass Arbeitsmarktforschung ein Bereich der Ökonomie ist und nicht ein Bereich der Philosophie. Aber gut, ich habe mich natürlich ein bisschen damit beschäftigt. Grundsätzlich ist das System seit der industriellen Revolution so, dass wir einen Produktivitätszuwachs durch Technologie erzeugen. Man kann etwas Schweres auf der Schulter tragen, aber ein Handkarren, den man hinter sich herzieht, kann schon deutlich mehr transportieren. Sehr viel mehr kann man transportieren, wenn man ein Pferd davor spannt. Und noch viel mehr, wenn man eine Dampfmaschine hat oder eine Eisenbahn. Die Technologie erzeugt mehr Produktivität und diese Produktivität erzeugt mehr Wohlstand. Wir brauchen jetzt nicht mehr so viele Leute, um anstrengende Arbeiten zu verrichten, so wie bei den Pharaonen, wo die Sklaven schwere Sachen durch die Gegend schleppen mussten. Dazu kommt, dass wir den erzeugten Wohlstand anders *verteilen*. Anstatt zehn Leute einzustellen, die je mit einer Schaufel ein Loch graben, haben wir einen, der mit einem Bagger ein Loch gräbt. Und dieser eine ist sehr viel produktiver als jeder einzelne der zehn Leute mit ihren Schaufeln, und er verdient auch deutlich mehr Geld. Was passiert mit den übrigen neun? Das ist natürlich die Frage. Diese übrigen neun können andere Jobs machen, wenn insgesamt in der Gesellschaft mehr Wohlstand vorhanden ist, um diese neuen Jobs zu finanzieren, zum Beispiel Herstellung eines Autos für den Baggerfahrer oder auch Energieversorgung für Bagger und Auto. Ein Teil dieser Jobs ist ebenfalls qualifizierter und besser bezahlt als das Graben mit der Schaufel. Das hat bisher eigentlich ganz gut funktioniert. Es hat natürlich erhebliche Probleme in den Übergängen von einer Produktionsform in eine andere gegeben, also zum Beispiel in dem massiven Übergang von der vorindustriellen Zeit, wo ungefähr zwei Drittel der Arbeitenden in der Landwirtschaft tätig waren, zu der gegenwärtigen Zeit, wo es in Deutschland so ungefähr 4% sind.

Die Frage ist, ob es im Fall der KI anders läuft. Wenn es gut geht, produzieren wir mehr Wohlstand, verteilen das um und sind sozusagen im Prinzip zufrieden. Wir müssen halt schauen, dass diese Umverteilung gut funktioniert, was an sich schon keineswegs trivial ist. Wenn es schlecht geht, ist es aber so, dass die verbleibende Arbeit einfach zu wenig ist, und das kann durchaus passieren. Es gibt einen wesentlichen Unterschied in der Produktivitätssteigerung durch KI im Vergleich zu der vorherigen. Bisher haben wir die Produktivität hauptsächlich von *manueller Arbeit* massiv gesteigert. Jetzt geht es um die Produktivität von *nicht-manueller Arbeit*, also was man auf Englisch *white collar jobs* nennt. Und da ist tatsächlich nicht klar, ob wir diese Arbeit durch andere Arbeit ersetzen können. Denn was wir bisher gemacht haben, war, manuelle Arbeit durch nicht-manuelle Arbeit zu ersetzen. Jetzt gibt es ja sozusagen keine weitere Arbeit, die wir uns ausdenken können. Was im Wesentlichen übrig bleibt, sind Dienstleistungen. Es gibt scheinbar auf dem Arbeitsmarkt ein Phänomen, das die Ökonomen einen *dumbbell market* nennen. Es sieht so aus wie so eine Hantel, das heißt in der Mitte dünn, rechts und links dick, nach Qualifikationsniveaus geordnet. Lange Zeit war der Arbeitsmarkt so, dass die meisten Leute unqualifizierte Jobs hatten (mit der Schaufel graben, Burger braten, etc.) und dann langsam durch Qualifikationsdruck in die »Mitte« gewandert sind. In einer gewöhnlichen Industrienation ist der Arbeitsmarkt so, dass man relativ wenige ganz unqualifizierte Jobs hat. Dann gibt es in der Mitte so eine Art Bauch von mittelqualifizierten Jobs, das heißt von Leuten, die irgendeine Ausbildung gemacht haben oder so. Dann gibt es wieder ein bisschen weniger hochqualifizierte Jobs. Die meisten Leute arbeiten also sozusagen in der Mitte.

Wenn man jetzt diese Mitte, Leute, die zum Beispiel eine Tätigkeit bei einer Versicherung oder bei einer Bank ausüben, durch ein KI-System ersetzt und die Mitte damit zusammenquetscht, dann ist die Frage, wohin gehen diese Leute dann? Die können nicht alle in die hochqualifizierte Richtung wandern. Also besteht gesellschaftlich die Gefahr, dass sie in weniger qualifizierte Tätigkeiten gedrückt werden, vor allen Dingen also Dienstleistungen für die relativ privilegierten Leute erbringen. Und man kann bereits in weniger regulierten industriellen Gesellschaften, wie zum Beispiel in Nordamerika, beobachten, dass diese Entwicklung tatsächlich stattfindet, dass also die Mitte der Gesellschaft vergleichsweise verarmt. Das steht im krassen Gegensatz zu den Zuständen vor einigen Jahrzehnten, wo man mit mittelqualifizierten Jobs ein gutes bürgerliches Leben führen konnte. Und was man dort ja sehr deutlich erkennen kann, ist, dass die ganz hochqualifizierten Teile der Gesellschaft enorm von den technischen Entwicklungen profitieren und besonders reich werden; also natürlich besonders die Besitzer kapitalistischer Aktivitäten, aber auch ihre Angestellten. Ich bin mir sicher, dass das ein Bereich ist, in dem wir ganz erhebliche gesellschaftliche Umwälzungen sehen werden und in dem wir eine ganz erhebliche gesetzliche Steuerung brauchen werden, insbesondere für sozialdemokratische Wirtschaftssysteme, wie sie zum Beispiel in Europa die Norm sind.

MARTIN HÄHNEL: Aber ist es nicht so, dass diese Gefahr von vielen in der Mitte der Hantel bereits erkannt worden ist und man deshalb versucht, sich irgendwie unersetzbar zu machen, was natürlich nicht gelingt, ja sogar die Produktivitätssteigerung hemmt?

VINCENT C. MÜLLER: Wenn ich vielleicht noch mal etwas hinzufügen kann. Es gab traditionell in der Robotik so seine Ausdrucksweise, dass die Roboter uns eigentlich nicht bedrohen, weil sie für Jobs zuständig sind, die *dirty, dull and dangerous* sind. Ja, und in gewissem Sinne ist das das, was auch die KI macht. Die KI ist naheliegenderweise eigentlich für die relativ einfachen, relativ blöden Tätigkeiten da, die man so macht. Und wenn man kurz darüber nachdenkt, womit sich die Leute so beschäftigen, was sie tagtäglich machen, zum Beispiel Leute wie ich, die sicherlich zum hochqualifizierten Ende des Arbeitsmarktes angehören: 80% meiner tagtäglichen Arbeit gehört zu diesen DDD-Jobs.

MARTIN HÄHNEL: Das ist interessant.

VINCENT C. MÜLLER: Also die Leute glauben ja vielleicht, ich denke die ganze Zeit nach. Aber das tue ich eigentlich nicht. Es gibt eine ganze Menge Managementkram, den ich so mache, und der ist eigentlich ziemlich dumm. Das ist in jedem Job so. Jeder Job hat einen ganz großen Zeitanteil, in dem eigentlich relativ unqualifiziertes Zeug gemacht wird. Und dabei könnte uns die KI natürlich wirklich helfen. Viele Leute setzen sie auch schon ein. Wenn ich etwa ein Referenzschreiben entwerfen soll, für einen ehemaligen Mitarbeiter zum Beispiel, dann gucke ich erstmal, was mir die KI so vorformuliert, und feile daran noch ein bisschen herum. Auf diese Art und Weise bin ich damit schneller fertig. Es gibt eine ganze Menge Entwicklungen, die in die Richtung gehen werden.

MARTIN HÄHNEL: Das wäre natürlich auch mal interessant für folgendes Szenario. Also nehmen wir mal an, die KI nimmt uns immer mehr von unserer Arbeit ab. Werden wir dann wirklich, wenn wir mehr Zeit haben, auch kreativer? Oder brauchen wir sozusagen auch diese Widerständigkeit der einfachen Verrichtungen, die es uns vielleicht auf irgendeine Weise erlaubt, dann doch kreativ zu sein, weil wir uns an diesem Widerstand abarbeiten müssen? Das wäre auch mal eine Frage, die wir jetzt natürlich nicht erschöpfend beantworten können.

VINCENT C. MÜLLER: Das ist auch keine philosophische Frage, mehr eine psychologische – aber eine sehr gute Frage. Es könnte ja sein, dass man in ganz vielen Bereichen, in denen man sozusagen offiziell, zum Beispiel in meinem Fall, keine Forschung macht, nichts Neues macht, sondern nur Sachen tut, die man vorher auch schon wusste. Das stimmt aber nicht. In Wirklichkeit denke ich während des Interviews über Sachen nach und schreibe mir etwas auf und denke, das könnte man noch besser erklären, wenn ich das nächste Mal irgendetwas darüber schreibe oder so. Es findet also ein gewisser Fortschritt statt. Vielleicht brauche ich auch diese Pausen zwischen den anderen Tätigkeiten. Und natürlich steht immer Ihre erste Frage im Raum: Kann ich dann früher nach Hause gehen? Und die Antwort darauf war ja traditionell: Nein. Du wirst weiterhin 40 Stunden arbeiten oder in meinem Fall deutlich mehr. Du verdienst vielleicht mehr Geld, wenn du produktiver bist, aber die

Arbeitsbelastung verändert sich eigentlich nicht. Das war bisher jedenfalls die gesellschaftliche Entwicklung bis hin zur Nachkriegszeit und der Errungenschaft der 40-Stunden-Woche. Die Frage ist eben, ob wir das so weitermachen wollen. Was wir, glaube ich, *nicht* tun sollten, ist, die normale Lebensentwicklung von der Arbeitswelt völlig abzukoppeln. Es gibt die Idee, dass man vielleicht den vorhandenen Wohlstand so umverteilt, dass einige Leute arbeiten und andere nicht. Das scheint mir eine ziemlich gefährliche Theorie zu sein, weil ich nicht glaube, dass ein erfülltes menschliches Leben ohne Aufgabe überhaupt möglich ist. Natürlich haben wir gesellschaftliche Bereiche, in denen Aufgaben eine Rolle spielen, die wir typischerweise nicht als »Arbeit« oder »Erwerbsarbeit« bezeichnet haben, also zum Beispiel das Aufziehen von Kindern, was ja offensichtlich eine extrem wichtige Aufgabe ist, die wir aber irgendwie nicht unter Arbeit subsummieren. Aber klarerweise brauchen Menschen eine Aufgabe. Wenn Menschen keine Aufgabe haben, dann machen sie sich eine. Camus hat das schon vor langer Zeit gesehen.[42] Sich den hart arbeitenden Sisyphos als einen unglücklichen Menschen vorzustellen und zu glauben, dass es eigentlich besser wäre, am Fuße des Berges zu sitzen und diesen Felsen neben sich liegen zu haben, das ist ein Irrtum.

MARTIN HÄHNEL: Ja, sehr schön und vielen Dank für dieses abschließende Bild. Sind Sie nun bereit, ein paar kurze Fragen zu beantworten?

TEIL IV:
LETZTE FRAGEN

MARTIN HÄHNEL: Ich habe für Sie zum Abschluss noch mal sieben Fragen vorbereitet, die man natürlich auch langatmig beantworten könnte, aber wir wollen versuchen, uns hier kurz zu halten. Okay, probieren wir es einfach mal! Erste Frage: Welchen Bereich Ihres Lebens würden Sie gern weiterhin ohne Einfluss durch KI sehen wollen?

VINCENT C. MÜLLER: Menschliche Interaktion.

MARTIN HÄHNEL: Zweite Frage: Ist die Frage nach einem künstlichen Bewusstsein sinnvoll?

VINCENT C. MÜLLER: Die Frage ist sicherlich sinnvoll. Sie erlaubt es uns auch, besser zu verstehen, was wir mit »Bewusstsein« eigentlich meinen, was ja eine notorisch komplizierte Frage ist. Meine Auffassung ist, dass sich diese Frage gegenwärtig nicht stellt.

MARTIN HÄHNEL: Dritte Frage: Was sagt man einem Busfahrer, der wissen will, ob seine Tätigkeit irgendwann von einem autonomen Fahrzeug übernommen wird?

VINCENT C. MÜLLER: Diese Frage wird mir regelmäßig von Taxifahrern gestellt, wenn ich erzähle, was ich so mache. Darauf sollten sich tatsächlich etliche Leute einstellen, darunter auch Taxifahrer, aber vielleicht nicht Busfahrer. Es wäre unvorsichtig, *nicht* darüber nachzudenken, was an meinem Job oder meinem zukünftigen Job vielleicht automatisiert werden könnte. Ich tue das auch.

MARTIN HÄHNEL: Danke.

VINCENT C. MÜLLER: Fußnote: Es hat sich herausgestellt, Gott sei Dank, dass Online-Lehre nicht besonders erfolgreich ist.

MARTIN HÄHNEL: Das kann ich ebenfalls bestätigen. Vierte Frage: Ein ausgereiftes medizinisches KI-System empfiehlt Ihnen eine Behandlung und der zuständige Arzt, der von einem Kollegen gesagt bekommen hat, dass das System einwandfrei arbeitet, akzeptiert diesen Behandlungsvorschlag. Lassen Sie diese Behandlung an Ihnen zu?

VINCENT C. MÜLLER: Ja, natürlich.

MARTIN HÄHNEL: Fünfte Frage: Macht Ihnen der verstärkte Einsatz von künstlicher Intelligenz im Bereich Militär und während kriegerischer Handlungen Sorgen?

VINCENT C. MÜLLER: Ich habe einen Aufsatz geschrieben, in dem ich erklärt habe, dass autonome Kriegsroboter vielleicht eine positive Entwicklung darstellen.[43] Was mir allerdings Sorgen bereitet, ist die Verbreitung solcher Systeme, wie die Verbreitung von Waffen allgemein.

MARTIN HÄHNEL: Danke schön. Jetzt wird es ein bisschen persönlicher. Welches Buch empfehlen Sie, das einen unkonventionellen Bezug zu KI und Philosophie aufmacht?

VINCENT C. MÜLLER: Ein Buch, das mich beeindruckt hat und schon ein bisschen älter ist: Nicholas Negropontes *Being digital*.[44]

MARTIN HÄHNEL: Besten Dank. Und nun noch eine letzte kurze Frage, die in die Zukunft zu schauen versucht: Wo sehen Sie die KI-Forschung in 25 Jahren und wohin wird der allgemeine Trend gehen?

VINCENT C. MÜLLER: In 25 Jahren werden wir sicherlich das Ende der gegenwärtigen Technologien gesehen haben, was auch ein Verständnis der Grenzen der gegenwärtigen Technologien einbezieht. Wir werden uns daran gewöhnt haben, dass KI-Systeme enorm erfolgreich sind und gewisse Leistungen vollbringen können, die wir bei Menschen für Intelligenzleistungen halten würden. Wir werden uns auch daran gewöhnt haben, dass die Systeme trotzdem vollkommen anders sind als wir. Wir werden aber weiterhin Probleme haben, die Systeme gut von natürlichen Intelligenzen zu unterscheiden, weil ihr Verhalten so ähnlich sein wird.

MARTIN HÄHNEL: Herzlichen Dank für das Interview!

VINCENT C. MÜLLER: Ich habe zu danken. Das war sehr interessant.

ANMERKUNGEN

[1] Quine, Willard V. O. 1951. »Two Dogmas of Empiricism.« *Philosophical Review* 60 (1): 20–43. Quine, Willard V. O. 1960. *Word & Object*. MIT Press.

[2] Blackburn, Simon. 1999. *Think: A compelling introduction to philosophy*. Oxford: Oxford University Press. Chalmers, David J. 2020. »What is Conceptual Engineering and What Should It Be?« *Inquiry* 16 Sep 2020. Koch, Steffen, Guido Löhr, and Mark Pinder. 2023. »Recent work in the theory of conceptual engineering.« *Analysis* 83 (3):589–603.

[3] Ein Anfang findet sich in: Müller, Vincent C. forthcoming. »Philosophy of AI: A structured overview.« In *Cambridge handbook on the law, ethics and policy of Artificial Intelligence*, edited by Nathalie A. Smuha, 1–25. Cambridge University Press. https://philpapers.org/rec/MLLPOA.

[4] Zum Beispiel Aristoteles, *Nikomachische Ethik*, Buch I, Kap. 7.

[5] Lieder, Falk, and Thomas L. Griffiths. 2020. »Resource-rational analysis: Understanding human cognition as the optimal use of limited computational resources.« *Behavioral and Brain Sciences* 43:e1. doi: 10.1017/S0140525X1900061X. & Wheeler, Gregory. 2020. »Bounded Rationality.« In *The Stanford Encyclopedia of Philosophy*, edited by Edward N Zalta. Stanford: CSLI.

[6] Bernhard Williams, 1981. »Persons, Character and Morality«, in: ders.: Moral Luck, Cambridge et al.: Cambridge University Press, S. 1–19, hier: 18.

[7] Müller, Vincent C., »Ethics of Artificial Intelligence and Robotics«, *The Stanford Encyclopedia of Philosophy (Summer 2020 Edition)*, Edward N. Zalta (ed.), URL: https://plato.stanford.edu/archives/sum2020/entries/ethics-ai/

[8] Kurzweil, Ray. 1999. *The age of spiritual machines: When computers exceed human intelligence*. London: Penguin.

[9] Brachman, Ronald J. and Hector J. Levesque. 2023. *Machines like Us. Towards AI with Common Sense. Toward AI with Common Sense*. Cambridge/Mass.: MIT Press.

[10] Vgl. McCarthy, John. 1958. »Programs with Common Sense«, in: *Symposium on the Mechanization of Thought Processes*, Teddington: National Physical Laboratory, 77-84.

[11] Lenat, Douglas B., and Edward A. Feigenbaum. 1991. »On the thresholds of knowledge.« *Artificial Intelligence* 47:185-250.

[12] Simpson, Thomas W, and Vincent C. Müller. 2016. »Just war and robots' killings.« *The Philosophical Quarterly* 66 (263):302-322. doi: 10.1093/pq/pqv075.

[13] https://plato.stanford.edu/entries/ethics-ai/#PrivSurv; Schneier, Bruce, 2015, Data and Goliath: The Hidden Battles to Collect Your Data and Control Your World, New York: W. W. Norton.

[14] Vgl. Danaher, J. 2020. »Robot Betrayal: a guide to the ethics of robotic deception«. *Ethics Inf Technol* 22, 117–128. https://doi.org/10.1007/s10676-019-09520-3.

[15] Frankfurt, Harry G. 2005. *On bullshit.* Princeton, N. J.: Princeton University Press.

[16] Putnam, Hilary. 1982. *Reason, Truth, and History.* Cambridge: Cambridge University Press, Kap. 1 (dt.: *Vernunft, Wahrheit und Geschichte*, Frankfurt: Suhrkamp 1982).

[17] Misselhorn, Catrin. 2018/22. *Grundfragen der Maschinenethik.* 5 ed. Ditzingen: Reclam.

[18] Müller, Vincent C. 2021. »Is it time for robot rights? Moral status in artificial entities.« *Ethics & Information Technology* 23 (3):579–587.

[19] Vgl. Löhr, G. 2024. »If conceptual engineering is a new method in the ethics of AI, what method is it exactly?«, in: *AI Ethics* 4, 575–585, https://doi.org/10.1007/s43681-023-00295-4.

[20] Vgl. Hähnel, M. 2021. »Neoaristotelische Tugendethik«. In: Halbig, C., Timmermann, F. U. (Hg.), *Handbuch Tugend und Tugendethik.* Springer VS, Wiesbaden. https://doi.org/10.1007/978-3-658-24467-5_22-1.

[21] Für einen metaphorischen Gebrauch des Tugendbegriffes plädieren: Kathi Beier, Dagmar Borchers, Hans-Henrik Dassow, Martin Hähnel, Björn Haferkamp, Antonia Kempkens, Regina Müller. 2024. »Der tugendethische Beitrag«, in: Grimm, P./Trost, K. E./Zöllner, O. (Hg.), *Digitale Ethik. Handbuch für Wissenschaft und Praxis*, Baden-Baden: Nomos 2024, 7-18.

[22] »We are playing two different games. The game that I am playing is the game of epistemic justification with the aim of arguing for the truth of philosophical claims. One can trace this game back to the Platonic distinction between Techne and Episteme which is really at stake here. Floridi, in contrast, plays a constructionist new game that he labels ›conceptual design‹ which is the result of what he calls metaphorically ›rebooting‹ philosophy.« (Misselhorn, C. 2022. »Reply to Luciano Floridi«, in: Floridi, L. und Noller, J. (Hg.), *The Green and the Blue: A New Political Ontology for a Mature Information Society*, Baden-Baden: Nomos, 205-205, hier: 205)

[23] Davidson, Donald. 1973. »On the very idea of a conceptual scheme.« *Proceedings and Addresses of the American Philosophical Association* 47:5-20.

[24] Mason, Rebecca. 2022. »Women are not adult human females.« *Australasian Journal of Philosophy*:1-12. doi: 10.1080/00048402.2022.2149824.

[25] Putnam, Hilary. 1982. »Why there isn't a ready-made world.« *Synthese* 51 (2):141-167. doi: 10.1007/BF00413825.

[26] Das Verhältnis des philosophischen Ansatzes von Wittgenstein zum Thema Künstliche Intelligenz ist sehr vielschichtig und kann weder als kritische Opposition noch als bloße Affirmation angesehen werden. Wittgensteins Überlegungen zur ›natürlichen Sprache‹, welche durchaus relevant für heutige philosophische Diskussionen zu den ›großen Sprachmodellen‹ sind, seine an die Fuzzy-Logik gemahnende Idee der »Familienähnlichkeit« und mehrere interessante Einlassungen zu Turing, dem Verhältnis von Logik und Computation usw. machen Wittgenstein zu einem Denker, dessen Gedanken unerlässlich sind, um eine zeitgenössische und kritische Grammatik des Digitalen zu entwerfen (mehr zu diesem Thema: Helliwell, A., A. Rossi, B. Ball [Hg.]. 2024. *Wittgenstein and AI.* Two Volumes, London/New York/Melbourne/Delhi: Anthem Press.).

[27] Gallie, W. B. 1956. »Essentially Contested Concepts«. In: *Proceedings of the Aristotelian Society* 56, 167–198.

[28] Boethius' Bestimmung findet sich in *Contra Eutychen et Nestorium* (Opuscula Theologica V.3, hg. v. Moreschini, 214): »naturae rationabilis individua substantia.«

[29] Vgl. Gunkel, D. 2024. *Robot Rights*, Cambridge/Mass.: MIT Press.

[30] Ein bisschen Arbeit in dieser Richtung für die Begriffe »Computation« und »Embodiment« findet sich in: Müller, Vincent C., and Matej Hoffmann. 2017. »What is morphological computation? On how the body contributes to cognition and control.« *Artificial Life* 23 (1):1-24.

[31] Feyerabend, Paul. 1975. *Against method.* London: New Left Books.

[32] Singer, P. 2011. *The expanding circle: ethics, evolution, and moral progress.* Princeton University Press.

[33] https://www.abc.net.au/news/2023-05-08/peter-singer-on-ai-robot-rights/102303010 (letzter Aufruf: 22.5.2024)

[34] Siehe oben, Müller 2021.

[35] Über das sogenannte föderale Lernen: »Verteiltes maschinelles Lernen: Besserer Datenschutz für KI-Anwendungen?« (https://www.plattform-lernende-systeme.de/aktuelles-newsreader/verteiltes-maschinelles-lernen-besserer-datenschutz-fuer-ki-anwendungen-2.html; letzter Aufruf: 22.05.2024)

[36] Simpson, Thomas W, and Vincent C. Müller. 2016. »Just war and robots' killings.« *The Philosophical Quarterly* 66 (263):302-322. doi: 10.1093/pq/pqv075. Siehe auch Königs, Peter. 2022. »Artificial intelligence and responsibility gaps: what is the problem?« *Ethics and Information Technology* 24 (3):36. doi: 10.1007/s10676-022-09643-0.

[37] Zum Beispiel Bogner, Alexander (Hrsg.) 2013. *Ethisierung von Technik – Technisierung der Ethik. Der Ethik-Boom im Lichte der Wissenschafts- und Technikforschung.* Baden-Baden: Nomos.

[38] Deutscher Ethikrat. 2023. »Mensch und Maschine: Herausforderungen durch künstliche Intelligenz.« *Stellungnahmen* (20.03.2023). https://www.ethikrat.org/publikationen/

[39] Interview mit Zack Kass vom 25.11.2023 in der NZZ: https://www.nzz.ch/technologie/kuenstliche-intelligenz-und-open-ai-zack-kass-zu-chatgpt-klimawandel-ki-tech-ld.1765858 (letzter Abruf: 23.05.2024)

[40] Für die gedruckte Fassung dieses Interviews habe ich, Vincent C. Müller, nach einer Quelle gesucht, aber leider keine gefunden – der Spruch ist aber jedenfalls gut.

[41] Fuchs, T. 2024. Understanding Sophia? On human interaction with artificial agents. Phenomenology and Cognitive Sciences 23, 21–42. https://doi.org/10.1007/s11097-022-09848-0.

[42] Camus, Albert. 1942. *Le mythe de Sisyphe.* Paris: Gallimard.

[43] Müller, Vincent C. 2016. »Autonomous killer robots are probably good news.« In *Drones and responsibility: Legal, philosophical and socio-technical perspectives on the use of remotely controlled weapons,* edited by Ezio Di Nucci and Filippo Santoni de Sio, 67-81. London: Routledge.

[44] Negroponte, Nicholas. 1995. *Being digital.* New York: Vintage.

REGISTER

Marco Tamborini

Entgrenzung

Die Biologisierung der Technik und die Technisierung der Biologie

Blaue Reihe. 2022. 208 Seiten
ISBN 978-3-7873-4254-9
Kartoniert
(auch als eBook erhältlich)

»Natur und Technik, das zeigt der Band eindrucksvoll, sind keineswegs Gegensätze. Vielmehr schauen Techniker und Architekten seit Langem in die Natur, Biologen in die Technik und Philosophen ihnen allen über die Schultern.«
Manuela Lenzen, FAZ.net [29.12.2022]

Ob Flugzeugdesign, klimaangepasste Architektur oder der Einsatz von Robotern im Körperinneren: Die Grenzen zwischen Biologie und Technik verschwimmen zusehends. Wissensproduktion und Produktdesign haben dabei ihren Ausgangspunkt in morphologischen Konzepten und Praktiken, die auf eine lange Geschichte der Formerforschung zurückblicken.

Marco Tamborini erläutert die Zirkulation morphologischen Wissens zwischen Biologie, Ingenieurwissenschaft und Architektur seit dem frühen 20. Jahrhundert, untersucht aber auch die damit verbundenen philosophischen Fragen: Was ist Natur, was ist Technik? Worin besteht der Unterschied zwischen Lebendigem und Maschinen?

Anhand von Fallstudien dieser Entgrenzung von Technik und Biologie wird gezeigt, wie die Zirkulation von Wissen mit seiner Produktion verknüpft ist und welche Ursachen und Folgen die Überschreitung der disziplinären und methodischen Grenzen hatte und hat.